JOHANNES WIEDLICH

CHECK Aufstehen Überleben Schlafengehen

Johannes Wiedlich

Aufstehen Überleben Schlafengehen
CHECK

-Jugendroman-

© Thekla Verlag GbR 2015
Bahnhofstraße 83, 64823 Groß-Umstadt

ISBN 978-3-945711-05-7 (Taschenbuch)
ISBN 978-3-945711-03-3 (ePub)
ISBN 978-3-945711-04-0 (kindle Edition)

Text: Johannes Wiedlich
Lektorat: Sven Lautenschläger
Fotografie & Covergestaltung: Silke Weßner
Druck: KM-Druck, Groß-Umstadt
-Originalausgabe-
1. Auflage 2015

www.thekla-verlag.de

Kapitel 1

Jimmy. Nennt mich so. Der Name ist okay.

* * *

Mein Kinderzimmer befand sich auf dem Dachboden. Hinauf gelangte man ausschließlich über eine klapprige Leiter, die mir schon lange keine Angst mehr machte. Dort oben gehörten zwanzig Quadratmeter mir allein, weil ich klein genug war, um nicht mit dem Kopf irgendwo anzustoßen. Die Höhle. So nannte ich den Dachboden, als ich sieben Jahre alt war. Typisch Kind. Die Dachschrägen waren zugepflastert mit Superhelden-Postern. Das gängige Einsteigermaterial, wenn man plante, sich zu einem Freak zu entwickeln. Superman, Spiderman, Batman, Captain America, Watchmen. Selbstverständlich hatte ich diese Entwicklung nicht geplant. Solche Dinge passierten einfach. Zehn der zwanzig Quadratmeter waren mit Matratzen und Kissen ausgelegt, der Rest war zugemüllt mit irgendwelchem Spielzeug. Und ich saß mittendrin. Es war der 21. Juli 1989, irgendwann zwischen sechs und halb acht Uhr abends. Mein siebter Geburtstag war fast vorüber und ich wartete eigentlich nur noch darauf, dass mein Vater endlich nach Hause kam. Dann musste ich schlafen gehen, schließlich war am nächsten Tag Schule. Zumindest war es ursprünglich so geplant. Ich lag bäuchlings auf meiner Matratze, vertieft in ein Comic-Heft, als ich die Haustür mit einem lauten Knall ins Schloss schlagen hörte. Die unverkennbare Stimme meines Vaters schallte bis hoch unters Dach.

Ich hätte damals einfach rennen sollen. Ich hätte die Füße unter die Arme klemmen und rennen sollen so schnell und so weit nur irgendmöglich. Selbstverständlich tat ich das damals nicht. Ich ahnte ja nicht einmal, was mich erwarten würde. Muchsmäußchenstill saß ich da und hörte zu, wie mein Vater meine Mutter anbrüllte. Hörte, wie sie schließlich zurückbrüllte. Hörte, wie im unteren Teil des Hauses jede Menge Dinge zu Bruch gingen. Und ich wusste rein gar nichts damit anzufangen. Das war neu, ungewohnt. Das hatte ich noch nie zuvor erlebt.

Statement:
Er hat nie wieder damit aufgehört. Ich fand lediglich Mittel und Wege, die mich betäubten, mir den Schmerz nahmen und mich davon abhielten nachzudenken.

An diesem Abend lernte ich, dass Angst ein Urinstinkt ist. Denn als mein Vater wankend die Treppe in die Höhle hinauf geklettert kam und mich mit leerem Blick ansah, schnürte mir kalte Furcht die Kehle zu. Zu Recht. An das, was folgend geschah, kann ich mich heute kaum erinnern. Die

Erinnerung erschöpft sich in endlosen Schmerzen, Tränen und viel zu viel Blut. Ich frage mich heute manchmal noch, was ich wohl falsch gemacht habe, obwohl mein Verstand mir sagt, dass ich an all dem nicht schuld war.

Kurz und knapp: Mein Leben ist ein dunkler, tiefer Abgrund. Ich bin der Punchingball meines Vaters, der Sündenbock meiner Mutter, die Hure meines Dealers und ich habe das alles furchtbar satt! Es vergeht nicht ein Morgen, an dem ich nicht die Augen öffne und mir wünsche, ich sei tot, weil ich genau weiß, ich komme aus diesem Sumpf nicht raus. Die Welt dreht sich, aber offenbar ohne mich.

* * *

Und nun muss ich ein Geständnis ablegen.

Mein Name ist nicht Jimmy. Und das, was ihr gerade hier gelesen habt, ist auch nicht meine Geschichte. Das Tragische ist, ich wünschte, sie wäre es, denn dann hätte ich wenigstens eine Entschuldigung für das Desaster, das sich mein Leben schimpft.

Sick – Fucked up – Twisted?

Gewiss, aber eben nicht zu ändern!

Kapitel 2

Jimmy. Bleiben wir dabei. Jimmy ist okay. Auch wenn nun bekannt ist, dass das nicht wirklich mein Name ist.

Statement:
Ich glaube nicht, dass Menschen sich grundlegend
verändern können. Sie sind, wie sie sind.

Schon immer hatte ich eine Vorliebe für gruselige, mystische, dunkle Dinge. Schon immer hatte ich ein Problem damit Regeln zu folgen, wenn besagte Regeln für mich einfach keinen Sinn ergaben. Meine Eltern sahen mir dabei zu, wie ich mich von einem Kind, das nur selten seine Plastik-Vampirzähne aus der Hand legte, zu einem Teenager entwickelte, der sich irgendwo in den Gefilden der Punk-, Gothic-, Metal- und Emo-Szene bewegte, und hatten stets die selbe simple Erklärung dafür: Das ist alles eine Phase! Zumindest waren sie noch sehr von ihrer Phasen-Theorie überzeugt, als ich sechzehn war. Der springende Punkt ist Folgendes: Ich bin, was ich bin! Nicht ich musste das verstehen, sondern die Welt. Einen Vorgeschmack davon bekam die Welt an meinem siebzehnten Geburtstag, den ich auf einer europäischen Insel verbringen musste, auf der man scheinbar immer irgendwie in die Hauptstadt hinein fand, niemals aber wieder hinaus. An diesem Tag entschied ich mich dazu, künftig in einem Sarg zu schlafen.

***

»Du kannst nicht dieses ganze schwarze Zeug mitnehmen, Jimmy. Du schwitzt dich tot!«

Als meine Mutter eine Woche zuvor im Türrahmen zu meinem Zimmer stand und sich über den Inhalt meines Koffers brüskierte, lautete meine Antwort ausschließlich: *Mutter!* Ich brauchte ihr nicht einmal die Tür vor der Nase zuschlagen. Dieses einzelne Wort genügte ihr vollkommen, um zu verstehen, dass ich schon angepisst genug war und sie sich besser tonlos zurückzog. Ein Hoch auf das mütterliche Feingefühl.

Der Hinweis meiner Mutter ging mir durch den Kopf, als ich auf dem Bordstein vor einer kleinen, dreckigen Cocktailbar saß, an den Schnürsenkeln meiner Chucks herumzupfte und mir meine verschwitzten Haare aus der Stirn wischte.

Es war sehr mühsam die Zigarettenschachtel aus meiner hinteren Hosentasche zu fischen, aber ich schaffte es irgendwie. Mit ein bisschen Nikotin in der Lunge ging es einem doch gleich besser … oder auch nicht …

»Verdammte Scheißhitze!«

Im Fluchen war ich schon immer Spitzenklasse. Aber hey! Es war heiß, stickig, die Klamotten klebten überall, der Eyeliner war im ganzen Gesicht verschmiert, nur nicht dort, wo er hingehörte. Meine Zigaretten waren zerquetscht. Ich hatte allen Grund zum Fluchen! Im Augenwinkel sah ich ein paar Schuhe neben mir anhalten. Hm. Hätten meine sein können. Scheinbar waren Chucks wieder total In. Es war offensichtlich, dass die Person, die in diesen Schuhen steckte, wegen mir dort stehen blieb. Alle anderen liefen einfach an mir vorbei, ohne auch nur ein winziges bisschen Notiz von mir zu nehmen. Gut so! Und ich hatte keine Lust nach oben zu sehen, ich wollte schlichtweg meine Ruhe. Fest davon überzeugt auf dem Weg der Ignoranz besagte Person loszuwerden, starrte ich beharrlich auf meine Fußspitzen. Selbstverständlich ohne Erfolg. War ja klar. Ich schielte durch meinen Vorhang aus blauschwarzem Haar und beobachtete, wie dieser Typ sich neben mich setzte. Er trug grüne Chucks, graue hautenge Jeans und ein Anthrax-T-Shirt. Ich konnte mir kaum ein Lachen verkneifen, denn allem Anschein nach war ich nicht der Einzige, der bei dieser Hitze ein Eyeliner-Problem hatte. Er trug ein Nasenpiercing, ein weiteres in der Lippe und mindestens sieben Ohrringe im linken Ohr. Seine Haare hatte er zu einem Iro geschnitten, der aber nicht hochgestellt war, sondern bis in seine Augenwinkel hing. Die Seiten waren kurz und vermutlich vor geraumer Zeit grün gefärbt gewesen. Sah irgendwie angeschimmelt aus. Und scheinbar fand der Typ es sehr amüsant, dass ich ihn von oben bis unten musterte, denn er verzog seinen Mund zum dreckigsten Grinsen, das ich jemals gesehen hatte.

»What's up?«

Ach ja. Englisch. Ich hatte fast vergessen, dass ich auf dieser verdammten Insel war. Zusammen mit meiner verdammten Schwester. Auf einer verdammten Sprachreise. Die Welt war definitiv grausam! Ich schielte ihn kurz an, zog eine Augenbraue in die Höhe und zuckte die Schultern. Er seufzte, zog seine Knie unters Kinn und schielte zurück.

»Seriously. What's buggin' you?«

»I'm being held hostage on a freakin' island on my fuckin' birthday. That's what's buggin' me!«

»Wow. That sounds bitter.«

»Ach was? Kein Scheiß?«

Der Typ grinste wie ein Honigkuchenpferd und streckte mir die Hand entgegen.

»Ich bin Adrian. Du?«

Okay, das war unerwartet. Er sprach also deutsch. Ein eiereckiges, nicht muttersprachliches Deutsch, aber er verstand offenbar meinen Sarkasmus. Ich hatte eigentlich nicht vorgehabt, mich so in die Zwickmühle zu katapultieren. Aber nun hatte ich wohl kaum eine Wahl, also nahm ich seine Hand und schüttelte sie kurz.

»Jimmy.«

Er grinste wieder dieses schäbige Grinsen, in dem er ausschließlich eine Seite seiner Lippen nach oben zog und die andere Seite so tat, als könne sie mit der Idee zu lächeln gar nichts anfangen. Aufs Neue völlig überrumpelt, zog er mich in eine kurze aber feste Umarmung, klopfte mir auf den Rücken und starrte mich schließlich wieder grinsend an.

»Happy Birthday, Jimmy.«

Noch bevor ich irgendwie darauf antworten konnte – und hier sei angemerkt, dass ich ohnehin viel zu perplex war, um überhaupt in irgendeiner Art und Weise zu reagieren – hörte ich die Stimme meiner herzallerliebsten Schwester meinen Namen brüllen. Bitte nicht falsch verstehen. Ich liebte meine Schwester. Wirklich. Für Geschwister waren wir im Allgemeinen tatsächlich sehr freundlich zueinander und kamen gut miteinander aus, aber manchmal wollte ich ihr einfach nur den Hals umdrehen.

Jessica war ein Jahr älter als ich, machte im vorigen Jahr diese Sprachreise bereits ohne mich und war der Grund dafür, warum ich dieses Dilemma nun ebenfalls über mich ergehen lassen musste. Wenn man nun glaubte, dass sie ein braves, fleißiges Mädchen war, das lernwillig auf diese Sprachreisen ging, um ihre Englischkenntnisse zu verbessern, war man gehörig auf dem Holzweg. Nein. Das Ganze hatte viel einfachere und dreckigere Hintergründe. Als sie im letzten Jahr auf dieser gottverdammten Insel war, lernte sie einen dieser Animateure kennen, den sie unbedingt wieder sehen musste. Also verbrachte sie die gesamte erste Woche damit, diesen Typen zu suchen. Mal ehrlich, Leute! Ein Animateur? Die große Liebe deines Lebens? Erde an Jessica! Ich verstand nicht, wie man so benebelt sein konnte. Es gab nur einen einzigen guten Grund auf dieser Welt, um Animateur zu werden. Nämlich den, mit wenig Aufwand in der Sonne und am Strand in einer einzigen Saison einen Haufen Geld zu scheffeln und dabei so viele leichtgläubige Mädels flachzulegen wie möglich. Offenbar war meine Schwester eine dieser leichtgläubigen Mädels. Und obendrein war sie auch eines dieser Mädels, die glaubten, dass der Animateur sich ihretwegen ändern und zum treuen Traumprinzen wandeln würde. Bullshit! Menschen änderten sich nicht, zumindest nicht so.

All diese Bedenken, die ich selbstverständlich auch schon meiner Schwester gegenüber erwähnt hatte, blieben unbeachtet. Es war, als könne sie ihren Verstand ausschalten und das Hirn auf Durchzug setzen, sobald das Wort *Animateur* fiel. An den ersten drei Tagen versuchte ich noch, ein wenig Verstand in Jessicas Hirn zu hämmern. Ohne Erfolg. Schließlich gab ich es auf und ließ sie ihr Ding durchziehen. Erwähnte ich schon, dass sie den Animateur – an dieser Stelle sei *Animateur* zum Unwort des Jahres deklariert – immer noch nicht gefunden hatte? Wer hätte das gedacht? Wie dem auch sei. Jedenfalls kam Jessica aus dieser Cocktailbar, vor der meine neue Bekanntschaft Adrian und ich auf dem Bordstein saßen, herausgewankt und blieb schwankend vor mir stehen. Im Schlepptau hatte sie einen Typen, der ein T-Shirt mit dem Logo der Reiseorganisation trug, mit der auch wir auf dieser Insel waren. Was sollte ich sagen? Ein weiterer Animateur. Jessica lernte es wohl nie. Verdammte Axt! Wie ich es hasste, meine eigene Schwester rotzbesoffen und offensichtlich im Bann dieses Möchte-gern-Checkers zu sehen. Kotz! Aber ich war ja schließlich nicht ihr Babysitter.

»Jiiimmy?«

Hip hip hooray. Wenn Jessica meinen Namen in die Länge zog, dann gab es dafür nur eine Erklärung. Ich sollte ihr einen Gefallen tun. Ich zog eine Augenbraue hoch und warf ihr einen fragenden Blick zu.

»Ich komme heute Nacht wohl nicht ins Hotel zurück. Und morgen früh vielleicht auch nicht zur Schule. Kannst du mich irgendwie decken?«

Ja. Schule. Das war kein Scherz, denn das war der Sinn

dieser Sprachreise. Innerlich seufzte ich. Vielen Dank, liebe Schwester, dass ich mal wieder deine krummen Touren vertuschen muss. Ach, und danke auch, dass du an meinen Geburtstag gedacht hast. Wie üblich blieben diese Gedanken aber in meinem Kopf. Anstatt ihr das alles vor den Latz zu knallen, nickte ich nur leicht und zuckte mit den Schultern. Jessica und Animateur Nummer 2 wollten sich gerade aus dem Staub machen, als Adrian sich zu Wort meldete. Ich hatte schon fast vergessen, dass er nach wie vor neben mir auf dem Bordstein saß.

»Hey du.«

Jessica drehte sich zu uns um und fing verdutzt das kleine, silbern glitzernde Päckchen auf, das Adrian ihr entgegen warf. Sie drehte das Kondom vor ihren Augen, unsicher, was sie dazu nun sagen sollte. Adrian grinste sein halbseitiges Grinsen, winkte Jessica kurz zu und rief ihr einen kurzen, prägnanten Satz hinterher.

»Keep it safe.«

Dann sprang Adrian auf und streckte mir seine Hand entgegen.

»Komm, Jimmy. Wir verschwinden.«

Ich war völlig verwirrt. Und offenbar war mir das auch anzusehen, denn Adrian zog mich an meinen Armen hoch, schleppte mich hinter sich her und begann gleichzeitig zu erklären.

»Ich vermute, die betrunkene Lady war deine Schwester. Ihr seht euch ähnlich.«

Ich nickte nur kurz.

»Mein Geburtstagsgeschenk für dich. Deine Schwester.

Nicht schwanger und gesund. Übrigens ist sie eine miese Schwester, wenn sie deinen Geburtstag vergisst.«

In meinem Kopf rotierte ein riesiges Fragezeichen.

»Man kann dich lesen wie ein offenes Buch, Jimmy. Alles, was du denkst, sieht man in deinen Augen. Diejenigen, die das nicht sehen, sind dumm, blind oder einfach ignorant.«

Okay. So langsam machte mir der Typ echt Angst. Wieso ging ich eigentlich so bereitwillig mit ihm mit? Ach! Fuck! Me! Ich entschied mich kurzerhand dazu, alle *Er-könnte-ein-Serienkiller-sein-Gedanken* beiseitezuschieben, und einfach das mitzunehmen, was sich mir an diesem Abend bot. Zu Tode langweilen konnte ich mich auch wann anders. Adrian und ich ließen die Alkoholleichen, die in regelmäßigen Abständen vor den Kneipen saßen, hinter uns und liefen die Triq San Gorg hinunter, die Straße, die direkt zum Spinola Bay führte. Die Straße war leicht abfallend und kurvig. Links neben uns fuhren Autos vorbei. Manche hupten, da wir uns praktisch auf der Fahrbahn befanden. Auf unserer rechten Seite befand sich die Leitplanke, und dahinter ein tiefer Abgrund, der vermutlich im Meer endete. Es war spät am Abend und dunkel. Ich konnte hören, wie die Wellen sich an den Felsen brachen. Um ehrlich zu sein, hatte ich schon vor einer Weile die Orientierung verloren. Klar, hinter uns lag die Innenstadt und vor uns Spinola Bay. Aber wenn ich mich mit geschlossenen Augen drei Mal um mich selbst gedreht hätte, wüsste ich nicht, ob ich mir dann noch so sicher wäre. Diese Insel war zwar nicht allzu groß, aber innerhalb einer Woche kannte man eben doch noch nicht jede einzelne Ecke. Als mir diese Gedanken durch den Kopf gingen, verzog ich scheinbar mein Gesicht zu einer fiesen Fratze. Jedenfalls sah mich Adrian unsicher an. Er nestelte am Saum seines T-Shirts herum und klemmte seine Ponyfransen hinters Ohr.

»Wanna go home, Jimmy?«

Er war definitiv kein Serienkiller. Möchtest du, dass ich dir die Kehle durchschneide, oder willst du doch lieber nach Hause in dein warmes kuscheliges Bettchen? Nein. So etwas fragten Serienkiller nicht. Ich musste in mich hinein kichern, dieser Abend war einfach total absurd.

»No. Not really. Aber ich wüsste schon gern, wohin wir gehen.«

Da war es schon wieder. Dieses schäbige Grinsen. Er zog mich an meinem Ärmel an die Leitplanke, lehnte sich vorn über und deutete mit ausgestrecktem Zeigefinger nach unten. Ohne nachzudenken, lehnte ich mich ebenfalls nach vorn, um sehen zu können, worauf Adrian da zeigte. Erwähnte ich bereits, dass ich ein kleines Problem mit Höhen hatte? Nein? Nun gut. Ich hatte ein Problem damit. Allerdings traf mich die Realität erst, als ich schon halb mit meinem Oberkörper über dem Abgrund hing, hinter mir ein Auto hupte und ich vor Schreck das Gleichgewicht verlor. Mir blieb die Luft weg, als Adrian mich von hinten mit einem Ruck am Hemd riss. Alles war besser, als diese Steilküste hinunterzupurzeln. Wie jämmerlich und erbärmlich ich wirkte, war mir total egal. Ich klammerte mich an Adrian fest. Meine Knie fühlten sich an wie Pudding, ich zitterte wie Espenlaub und versuchte mit aller Macht, wieder Sauerstoff in meine Lungen zu pumpen. Panikattacken waren keine schöne Sache. Mal ganz davon abgesehen, dass sich die Welt mit einem irren Tempo um sich selbst drehte, man keine Luft mehr bekam und eigentlich nur noch in Tränen ausbrechen wollte, waren sie im Nachhinein vor allem unheimlich peinlich. Ich saß also auf dieser dunklen Straße, krallte mich an Adrians T-Shirt fest und wartete darauf, dass er anfing zu lachen. Adrian war ein komischer Typ. Er lachte nicht. Grinste nur ein weiteres Mal sein komisches Grinsen und tat dies sogar, ohne dabei gehässig zu wirken.

»Höhen ... Wie sagt man?«

»Angst. Höhenangst.«

»Höhenangst, hm?«

Ich nickte und versuchte meine Atmung wieder in den Griff zu kriegen. Als ich merkte, dass meine Fäuste immer noch in Adrians T-Shirt gekrallt waren, als hinge mein Leben davon ab, wurde mir vollends klar, wie dämlich das alles wirken musste. Ich murmelte eine kurze Entschuldigung und löste meine Hände aus dem Stoff. Adrian lächelte sein halbseitiges Lächeln.

»Are you okay?«

Ich nickte kurz und rappelte mich langsam auf.

»Yes. I'm fine. Können wir hier verschwinden?«

»Sure thing.«

Adrian klopfte den Staub von seiner Jeans und dann liefen wir schweigend nebeneinander die Straße nach unten. Zumindest schwiegen wir bis Adrian seinen Arm um meine Hüfte legte und seinen Zeigefinger in einer meiner Gürtelschlaufen einhakte. Das war der Moment, als meine Gedanken von *Serienkiller* zu *Sexualstraftäter* wanderten und ich mir innerlich eine Ohrfeige verpasste. Ich war hier mitten in der

Nacht im Dunkeln mit einem fremden Typen auf dem Weg nach *Weiß-der-Teufel-wo*. War mir eigentlich noch zu helfen? Fuck my life. Und ich regte mich über meine Schwester und ihre Animateur-Affären auf. Wie schon zuvor schien Adrian meine Gedanken aufzufangen.

»Der eine Schreck hat mir gereicht. Thank you very much. Deine Todessehnsüchte lebst du bitte ohne mich aus.«

Ich wusste, wie er es meinte. Kein weiterer Beinahe-Absturz mehr in dieser Nacht.

Die Straße beschrieb an der Küste von Spinola Bay eine scharfe Linkskurve, wo die Triq San Gorg zur Trig Borg Olivier wurde. Kurz hinter dieser Kurve führte eine kleine vermoderte Holztreppe zum Strand hinunter. Vor dieser Treppe blieb Adrian stehen und sah mich fragend an.

»Dort müssen wir runter. Schaffst du das mit deiner Höhenangst?«

Super. Jetzt war ich also zum Loser des Jahres abgestempelt. Jimmy pullert sich in die Hosen, wenn er eine Leiter runter steigen muss. Wo waren die schwarzen Löcher, wenn man sich verkriechen wollte?

»No offense, Jimmy. Ich will nur diese Nacht nicht in der Notaufnahme verbringen müssen. Also?«

»Ja ja, geht schon.«

Mochte sein, dass ich etwas angepisst war. Mochte auch sein, dass Adrian mich eigentlich gar nicht aufziehen, sondern nur auf Nummer sicher gehen wollte. Wahrscheinlich sogar. Aber mein Ego kratzte wohl in dem Moment sehr an meiner Schädeldecke. Ich begann tonlos mit dem Abstieg zum Strand. Meine Attitüden konnte ich auch unten beiseitelegen. Unter meinen Füßen spürte ich glitschige Felsen und wusste, ich war am Ende der Leiter angekommen. Ja, genau. Glitschige Felsen. Diese verdammte Insel hatte nämlich nicht mal ordentliche Sandstrände, sondern nur felsige Klippen. Okay, das stimmte so nicht. Aber Sandstrände waren wirklich rar und die Sandkörner am Spinola Bay konnte man an einer Hand abzählen. Keine drei Sekunden später stand Adrian neben mir und deutete über meine Schulter. Die Bucht von Spinola Bay ragte ziemlich tief in die Felsen hinein, so dass unter den vorderen Klippen ein Hohlraum entstanden war, in welchem eine Reihe kleiner Bungalows hineingebaut war. Ich vermutete, dass es genau diese Bungalows waren, die mir Adrian oben von der Straße aus zeigen wollte. Die Häuschen waren, wie alles andere auf dieser Insel, aus weißem Stein gebaut und hatten dunkle, hölzerne Terrassen. Über den Daumen gepeilt, befanden wir uns noch etwa fünfhundert Meter von der Bucht entfernt, aber bereits jetzt tönte uns der Bass der Musik aus den Bungalows entgegen.

»Da wohnen wir.«

Ich nickte.

»Wer ist wir?«

Adrian hakte sich wieder in meine Gürtelschlaufe ein. Ich beschloss, dies zunächst zu ignorieren.

»Freunde. Und ich. Du wirst sehen.«

Als wir näher kamen, fiel mir eine Gruppe Typen auf, die auf der Terrasse saß. Ganz offensichtlich hatten sie schon einige Promille intus, denn sie kugelten sich vor Lachen auf dem Holzboden hin und her, begrüßten Adrian lediglich, indem sie kurz die Hand hoben, und ignorierten uns sonst vollkommen. Adrian kickte ein paar Flaschen aus dem Weg und sagte irgendetwas zu den Leuten, das ich nicht verstand. Adrians Akzent nach zu urteilen, war es niederländisch. Dann stieß er die Tür zum Bungalow auf. Die Musik dröhnte nun in ohrenbetäubender Lautstärke, weswegen ich mich dazu entschied, dicht bei Adrian zu bleiben. Wer wusste schon, was mich da drin erwartete? Ich persönlich erwartete eine Party, die voll im Gange war, aber offenbar war es dafür viel zu spät. Definitiv hatte es vor wenigen Stunden eine Party gegeben, aber nun waren nur noch müde Gestalten übrig, die im Halbschlaf auf Stühlen, Sofas und Iso-Matten rumhingen und höchsten noch mit den Fußspitzen zum Takt der Musik wippten. Auf einem der drei Sofas saßen zwei Mädels, die wild damit beschäftigt waren sich mit schwarzem Edding gegenseitig Tattoos auf die Oberschenkel zu malen. Ob sie nüchtern am nächsten Morgen von dieser Idee immer noch so begeistert sein würden, blieb abzuwarten. Auf dem nächsten Sofa lag ein blonder, bäriger Typ. In der einen Hand hielt er eine Bierflasche, in der anderen einen runtergebrannten Zigarettenstummel. Ich persönlich war der Ansicht, dass er eigentlich nicht mehr wach war und es nur dem Zufall zuzuschreiben war, dass dieser Zigarettenstummel nicht bereits den ganzen Bungalow in Brand gesetzt hatte. Adrian sah das wohl ähnlich, denn er stiefelte über die ganzen leeren Flaschen, die am Boden lagen, und nahm diesem Typen sowohl die Flasche als auch die Zigarette aus den Händen und drückte sie in einem Aschenbecher, der auf dem Tisch zwischen den Sofas stand, aus. Auf dem letzten

Sofa lungerten zwei blonde Mädchen, die mit Sicherheit eineiige Zwillinge waren, und ein dunkelhaariger Typ. Es war ein wilder Wust an Gliedmaßen und ich hätte nicht sagen können welches paar Beine und Arme zu wem gehörten. Davon abgesehen waren sie so in den Austausch von Körperflüssigkeiten vertieft, dass sie Adrian und mich nicht einmal bemerkten. Mir war das ganz recht, Adrian sah es offenbar anders. Er nahm ein Kissen vom Sofa, auf dem der Typ lag, der beinahe die ganze Bude in Brand gesteckt hätte, und warf es auf das Menschenknäuel auf Sofa Nummer 3. Alle Augenpaare waren plötzlich auf uns gerichtet und sie waren nicht freundlich. Adrian schien sich daran aber nicht zu stören, er stierte genauso harsch zurück.

»Go home. And take your pansy ass cousins with you. They're about to puke on the front porch. I wouldn't like that much.«

Oha. War Adrian hier der Chef oder was? Ich tippelte von einem Fuß auf den anderen. Irgendwie fühlte ich mich hier unwohl. Das war alles so krank. Aber vielleicht war ich einfach nur zu nüchtern und dies war eine ganz normale Situation nach einer Party. Ich wusste es nicht. Die Zwillinge und der dunkelhaarige Typ, mit dem sie auf dem Sofa zugange waren, grummelten irgendetwas Unverständliches in unsere Richtung, rappelten sich aber schließlich auf und verließen den Bungalow. So einfach war das? Ich war beeindruckt. Adrian schaute sich im Zimmer um, nahm die Fernbedienung vom Tisch und drehte die Lautstärke der Musik auf ein erträgliches Maß zurück.

»Toni?«

Er sah sich um und lief ein Stück in die Küche hinein, als ein weiterer Typ um die Ecke kam. Scheinbar Toni, nach dem Adrian gerufen hatte. Er war groß, stämmig und hatte rote, lange Haare und auch einen roten, langen Bart. Adrian und er unterhielten sich kurz auf Niederländisch und ich stand hinter ihnen, knibbelte an meinen Fingernägeln herum und kam mir vor wie bestellt und nicht abgeholt.

»Das ist Jimmy. Jimmy, das ist Toni.«

Wir schüttelten uns kurz die Hände, bevor sie erneut ein paar für mich nicht zu verstehende Worte wechselten. Toni lachte mich freundlich an und drückte Adrian dann den großen, braunen Umschlag in die Hand, den er unterm Arm trug. Er klopfte mir und Adrian kurz auf die Schulter, murmelte etwas das nach *good night* klang und schlich durch die Küchentür davon. Adrian führte mich dann einen schmalen Gang entlang, an dessen Ende eine Holztreppe in den oberen Teil des Bungalows führte, oder besser gesagt auf den Dachboden. Ich sah Adrian fragend an und gebot ihm mit erhobener Hand Einhalt.

»Schweig stille! Ja, ich schaffe es da hoch zu klettern ohne in Ohnmacht zu fallen.«

»Hoffen wir es. Ich fang dich nicht auf.«

Ich schnaubte abfällig und kletterte die Treppe hoch. Mit meiner rechten Hand hielt ich mich am Geländer der klapperigen, ausfahrbaren Dachboden-Luken-Treppe fest und stieß mit der linken die Klappe auf. Der Raum war so etwas wie ein Mansardenzimmer. Im hinteren Teil war der Kniestock mit Einbauschränken ausgebaut, dann gab es einen schmalen Gang in T-Form, in dessen Mitte sich der Treppenaufgang befand. Die andere Seite war mit Luftmatratzen und Schlafsäcken ausgelegt. Auf der Nachtlagerseite befand sich außerdem ein bis zum Boden reichendes, dreieckiges Fenster, durch welches mir das Mondlicht entgegen schimmerte. Adrian klopfte mir von hinten gegen den Oberschenkel.

»Lebst du noch?«

Mann! Durfte man hier nicht mal in Ruhe erste Eindrücke gewinnen? Mir blieb die Luft im Hals stecken, als mir Adrian mit der flachen Hand auf den Hintern schlug.

»Move!«

Vermutlich glühten meine Wangen, aber ich versuchte, es zu ignorieren. Beides. Den Schlag auf meinen Allerwertesten und meinen feuerroten Kopf. Trotzdem fragte ich mich ein weiteres Mal, in was ich hier wohl reingeraten war. Ich kletterte die letzten drei Stufen hinauf und wartete vor der Fensterfront, bis Adrian ebenfalls oben angekommen war.

»Sehr hübsche Aussicht.«

Ich hörte ein lautes Klappern hinter mir, das verriet, dass Adrian die Leiter eingezogen und die Klappe geschlossen hatte. Mir war völlig klar, dass genau dies der Moment hätte sein müssen, in dem sich mein Magen hätte umdrehen sollen. Meine Hände hätten beginnen müssen zu schwitzen und mein Urinstinkt hätte ein Signal an meine Stimmbänder senden müssen, das mir befahl, lauthals um Hilfe zu schreien. Nichts dergleichen passierte. Ich klemmte mir stattdessen meine schwarzen Fransen hinter die Ohren und lächelte Adrian entgegen, während ich mich im Schneidersitz auf einer der Luftmatratzen vor dem Dreiecksfenster niederließ. Adrian kippte den oberen Teil des Fensters und setzte sich neben mich. Er hielt mir seine offene Schachtel Luckies entgegen und ich zog dankend eine raus. Selbstverständlich hatte ich noch mein eigenes Päckchen in der hinteren Hosentasche. Aber mal ehrlich. Wenn man die Wahl hatte zwischen einer verkrüppelten, zerquetschten Zigarette und einer, die noch prima intakt war, wohin griff man dann? Richtig. Er hielt mir sein Feuerzeug entgegen, nachdem er seine eigene Zigarette angesteckt hatte und dann saßen wir beide eine ganze Weile schweigend und rauchend nebeneinander. Eine Frage brannte mir die ganze Zeit unter den Fingernägeln.

»Wieso ich?«

Adrian sah mich mit einer hochgezogenen Augenbraue an und verstrubbelte seinen Iro, ehe er mit einer Gegenfrage antwortete.

»Wieso du was?«

»Was sollte das? Wie kamst du auf die Idee, mich anzusprechen und mich mit hierher zu schleppen?«

Adrian zuckte mit den Schultern.

»Keine Ahnung. Du sahst so verloren aus. Cute. Somehow.«

Ich schüttelte den Kopf.

»Für so was bin ich zu nüchtern, Adrian. Können wir vielleicht einfach noch mal eine Minute zurückspulen und du sagst ... weiß auch nicht ... Zufall? Zufall ist gut. Ganz unverfänglich.«

Adrian zuckte wieder gelassen mit den Schultern.

»Sure. Zufall. Das Problem der Nüchternheit kann ich übrigens lösen.«

Adrian zog ein letztes Mal an seiner Zigarette, schnippte

den Stummel durch das geklaffte Fenster nach draußen und öffnete schließlich eine Tür der Einbauschränke im Kniestock. Aha. Andere Leute hatten ein Waffenarsenal, Adrian und seine Freunde hatten ein Alkoholarsenal. Ein großes noch dazu. Er schielte über seine Schulter, hatte wieder nur einen seiner Mundwinkel nach oben gezogen, und gewährte mir schließlich volle Sicht auf die Hausbar. Während ich die Auswahl inspizierte, kramte Adrian in dem braunen Umschlag, den Toni ihm unten in die Hand gedrückt hatte. Er ließ sich von mir eine Flasche Bier öffnen, während er seelenruhig einige Utensilien vor sich ausbreitete und sortierte. Longpapers, Tabak, Tips, die verdächtig nach gerollten Flugtickets aussahen. Schon klar. Keine Frage mehr, wo dieser Abend enden würde. Sollte mich doch der Teufel holen, wenn da in dem Lila-Milka-Kuh-Papier tatsächlich Schokolade war. Scherz des Jahres. Adrian bröselte ein paar Stückchen über den Tabak und drehte den Joint mit einer Geschicklichkeit, die mich echt beeindruckte. Niederländer, der Typ, definitiv.

»You're in?«

Diesmal war ich derjenige, der unverschämt grinste. Klar war ich dabei. Selbstverständlich hätte ich mich auch einfach ins Delirium saufen können. Im ersten Moment wäre das vielleicht auch die lustigere Alternative gewesen, aber solche Abende endeten für mich meist mit dem Kopf in der Toilettenschüssel und darauf hatte ich nun echt keine Lust. Wir krabbelten auf allen Dreien, eine Hand benötigten wir für die Bierflaschen, wieder zurück auf die Luftmatratzen vor dem Fenster und machten es uns bequem. Adrian legte den Kippschalter der Boxen um, die an der Wand angeschraubt waren, woraufhin auch wir hier oben mit der Musik von unten beschallt wurden, und hielt mir schließlich Joint und Feuerzeug entgegen. Ich schüttelte aber den Kopf.

»Fang du an.«

Deshalb mochte ich Adrian von Anfang an. Okay, das war gelogen. Ich mochte ihn auf den zweiten Blick, weil er nie Fragen stellte. Er nahm meine Entscheidungen einfach hin. Schließlich hielt mir Adrian den Joint wieder hin und diesmal sagte ich ganz gewiss nicht nein. Ich lehnte mich mit dem Rücken ans Fenster, trat meine Schuhe in die nächstbeste Ecke und nahm den ersten Zug. Ich schloss die Augen, atmete tief ein und versuchte völlig loszulassen. Von außen betrachtet waren wir wahrscheinlich die langweiligste Gesellschaft aller Zeiten. Die einzigen Dinge, die irgendwie einen Prozess verrichteten, waren die Flaschen, die leerer wurden und der Joint, der kürzer wurde. Gesprächstechnisch waren wir im Volume-Zero-Modus. Keine Ahnung, ob es Minuten oder Stunden waren. Oder ob wir beide zwischenzeitlich sogar eingeschlafen waren. Mein benebeltes Hirn steckte in grauen Gedanken fest und ich verlor vollkommen das Gespür für Zeit und Raum. Ich gab dem Joint die Schuld, denn meine Stimmung war offenbar nicht die beste. Oder ich war einfach von Natur aus ein Weichkeks.

Ich hätte einiges bedenken müssen, bevor ich auch nur im Entferntesten in Erwägung hätte ziehen können mit Adrian mitzugehen. Was sollte ich sagen? Schlechte Entscheidungen schrieben nun mal das Leben? Nein. Ich bereute diese Entscheidung nicht. Kein bisschen. Adrian riss mich aus meinem düsteren Nebel, in dem er an meinen Ponyfransen zog. Irritiert schnickte ich seine Hand weg.

»Adrian?«

»Hm?«

Er drehte sich auf den Rücken und lehnte die Füße nach oben ans Fenster. Sein Iro breitete sich um seinen Kopf wie ein ausgefranster Heiligenschein, sein Anthrax-T-Shirt rutschte bis über den Bauchnabel nach oben und er versuchte in Rückenlage irgendwie an den Rest Bier aus seiner Flasche zu kommen. Was allerdings erst überhaupt nicht funktionierte und schließlich damit endete, dass die klebrige Flüssigkeit über sein Kinn und den Hals hinunter lief. Ich kugelte mich neben ihm vor Lachen.

»Shut up!«

Es gelang ihm nicht wirklich angepisst zu klingen, so sehr er es auch versuchte.

»Fuck it! Egal. Was wolltest du sagen?«

Noch ehe ich schlucken und denken konnte, purzelte das Gift aus meinen Mundwinkeln. Es gab genau eine Frage, die man stellen musste, wenn man es darauf anlegte, einen chilligen Abend zu ruinieren. Es war nicht einmal Absicht. Wirklich nicht.

»Gott, warum ist die Welt nur so scheiße?«

Gerne hätte ich mir die Hand vor den Mund geschlagen oder die Frage zurückgezogen, aber da war nichts mehr zu retten. Sie stand im Raum, blitzte und blinkte wie eine Neon-Leuchtreklame. Ich kratzte mich am Kopf und hielt die Luft an. Es blieb ja ein kleines bisschen Hoffnung, dass Adrian die Frage mit seiner coolen Art und seinem abgebrühten

Schulterzucken einfach von der Bildfläche wischen würde. Ich war bekifft und betrunken. Er war bekifft, betrunken und klebrig. Die Chancen standen gut. Oder? Äh ... nein! Adrian nahm die Füße vom Fenster weg und drehte sich auf die Seite. Den Kopf auf den Handballen gestützt, sah er mich prüfend an, während er auf seinem Lippen-Piercing herumkaute.

»Something in particular?«

Ich schüttelte vehement den Kopf.

»Nee. Vergiss es einfach. Ich bin bekifft. Ich rede nur Blödsinn.«

»Bullshit.«

»Hä?«

»Easy. Es gibt Momente im Leben, in denen man ehrlicher ist als gewöhnlich. Exakt zwei Möglichkeiten gibt es, wie Abende wie diese, enden. Nummer eins: Absurditäten, Lachflashs, Dinge, bei denen man nicht genau weiß, ob man sie gerne erzählt, weil sie lustig waren, oder ob man sie lieber verschweigt, weil sie die Grenze zur Peinlichkeit bereits überschritten haben. Nummer zwei: Seelen-Striptease. Du hast uns gerade in letztere Kategorie gekickt.«

Meine Kinnlade klappte nach unten.

»No! Schwachsinn! So war das nicht gemeint. Just. Forget it. Vergiss es doch einfach.«

Mein Tonfall klang jämmerlich und strafte mich Lügen. Ich merkte es selbst. Adrian rappelte sich auf und setzte sich im Schneidersitz vor mich. Er suchte meinen Blick. Nicht dass ich das sah, nein. Dafür war ich viel zu beschäftigt meinen Hemdsaum auseinanderzunehmen und mich währenddessen in Grund und Boden zu schämen. Oder zumindest mich auf einen anderen Planeten zu wünschen. Aber ich spürte seine Blicke. Sie waren wie eine Million kleine Nadelstiche auf der Haut und ich wusste, ich kam aus dieser Nummer nicht mehr raus.

»Also?«

Er schubste mich leicht am Knie und fing damit meinen Blick ein, da ich eine Millisekunde nach oben schielte.

»Komm schon, Jimmy.«

Ich schüttelte den Kopf. Diesmal weniger aus einer Verteidigungshaltung heraus, sondern eher aus Resignation. Ich atmete tief ein und schielte zwischen meinem Vorhang aus pechschwarzem Haar hindurch, direkt in Adrians aufmerksam glitzernde Augen.

»Ich. Ähm. Kennst du diese Leere? Das Gefühl, dass man niemals irgendwo ankommen wird? Niemals. Egal wie sehr man sich anstrengt?«

Ich wollte gar keine Antwort darauf und irgendwie schien Adrian auch das zu ahnen. Er lächelte nur sachte und verständnisvoll und ich stammelte vor mich hin.

»I don't belong here, Adrian. I'll never make it. I don't ...«

Wann kommt die Flut, wann kommt die Flut? Eine Frage, die ich gerne mit dem Wörtchen *nie* beantwortet hätte, sie aber – wäre sie mir denn gestellt worden – mit *sofort* hätte beantworten müssen.

»Help me?«

Das war alles, was ich noch raus bekam. Dicke Tränen ließen Adrians Gesicht vor meinen Augen verschwimmen. Meine Brust fühlte sich an, als säße ein Elefant darauf und ich schnappte krampfhaft nach Luft. Meine Hände zitterten und schwitzten und trotzdem versuchte ich panisch den obersten Knopf meines Hemdes zu öffnen, wohl wissend, dass mir das in meiner Atemnot auch nicht helfen würde.

»Asthma?«

Mir war es ein Rätsel, wie Adrian immer einen kühlen Kopf bewahren konnte. Vielleicht stimmte das auch gar nicht, es kam mir in diesem Augenblick aber so vor. Ich schüttelte den Kopf. Nein. An Asthma litt ich nicht und kein Spray der Welt konnte mir helfen. All das fand einzig und allein in meinem Kopf statt. Ein Film in Endlosschleife, der zeigte, dass ich mit wehenden Fahnen unterging.

»Okay. Komm her.«

Adrian rückte neben mich, schob meine Hände von meinem Hemdkragen und öffnete mir die oberen Knöpfe, bevor er mich in den Arm nahm, streichelte und mich erst mal eine Weile unkontrolliert schluchzen ließ. Meine Welt zerfiel gerade in Stücke. Wieder einmal. Der große Unterschied zu den großen und kleinen Nervenzusammenbrüchen, die ich manchmal durchlebte, war, dass mir hier gerade jemand zusah. Das machte das Ganze viel realer, war nicht einfach wegzuwischen, totzuschweigen, auszusitzen. Ich drückte mir selbst gerade das Label *Loser* auf, schon klar, aber ich war zu keinem rationalen Gedanken mehr fähig. Adrian hingegen blieb die Ruhe selbst. Er spielte mit meinen Haaren, wischte mir Tränen von den Wangen und flüsterte mir leise Belanglosigkeiten ins Ohr, die überraschenderweise tatsächlich beruhigend auf mich wirkten. Als ich so dalag, mein Kopf in seinem Schoß, meine Hände ein zweites Mal an diesem Abend in seinen T-Shirt-Saum gekrallt, dachte ich, er wartete einfach nur ab, bis ich mich endlich wieder unter Kontrolle hatte. Dem war nicht so. Er beobachtete mich genau und versuchte den idealen Moment abzupassen, in dem ich ruhig genug war, um zuzuhören.

»Ich weiß es nicht, Jimmy. Ich weiß nicht, warum Leute wie du und ich bei fast vierzig Grad im strahlenden Sonnenschein stehen und trotzdem frieren. Ich weiß nicht, warum wir uns umdrehen und in die entgegengesetzte Richtung laufen, wenn wir das Licht am Ende des Tunnels doch schon gesehen haben. Und ich weiß auch nicht, wie es kommt, dass wir aus Leibeskräften schreien, aber offenbar niemand fähig ist, uns zu hören.«

Er seufzte, wischte einige Haarsträhnen aus meinem Gesicht und klemmte sie mir hinters Ohr.

»Ich kann dich festhalten und für dich da sein, Jimmy, aber ich kann dir diesen Schmerz nicht nehmen. Ehrlich gesagt wüsste ich auch nicht, ob es das überhaupt ist, was du willst. Ob es das sein kann, was du willst.«

Ich schluckte schwer. Atmen konnte ich nach wie vor nur mit Mühe, aber ich drehte mich auf den Rücken, um Adrian ansehen zu können. Ich hatte das Gefühl, dass ich solche Worte niemals wieder von ihm hören würde, also wollte ich ihm zeigen, dass ich zuhörte, gut zuhörte. Es war diese gnadenlose Wahrheit, die er mir auf einem Silbertablett servierte, vor der ich genauso viel Angst hatte, wie ich sie auch zu schätzen wusste.

»Was bleibt denn von uns übrig, wenn wir die Schmerzen nicht mehr fühlen? Solange sie da sind, wissen wir, dass wir noch leben, dass wir überhaupt noch da sind. Right?«

Ich nickte stumm. Noch nie war irgendetwas richtiger. Ich hielt Adrians Hand fest, die an meinen Hemdknöpfen spielte, und drückte sie ehe ich mit rauer, erstickter Stimme antwortete.

»Trotzdem möchte ich nur einmal kurz zu Staub zerfallen. Traumlos schlafen. Ruhe fühlen und für einen winzigen Moment alles vergessen, um Kraft zu sammeln, bevor die Welt in Scherben bricht.«

Ich beobachtete Adrian, durch dessen Gesicht eine Reihe an Emotionen lief. Ich sah genau, dass er mit seinem Gewissen rang, innerlich Für und Wider abwog und trotzdem zu keinem klaren Ergebnis kam. Er kaute an seinem Lippen-Piercing und murmelte leise in sich hinein. Dann hob er meinen Kopf von seinem Schoß, wartete, bis ich vor ihm kniete, und griff schließlich zu meinen Händen und hielt sie fest, während er mir in die Augen sah.

»Diesen einen Moment kann ich dir vielleicht bieten.«

Adrian ließ meine Hände los und krabbelte zum Einbauschrank hinüber. Ich schaute ihm verdutzt nach. Zwei Kronkorken ploppten und ehe ich mich versah, hatte ich eine neue Flasche Bier in der Hand. Adrian angelte nach dem braunen Umschlag und kniete sich schließlich wieder zu mir. Ich trank einen Schluck Bier und sah weiterhin verwundert dabei zu, wie Adrian im Umschlag kramte. Nach wenigen Sekunden zog er ein kleines durchsichtiges Tütchen heraus und legte es auf die Luftmatratze zwischen uns. Darin waren kleine, hellblaue, runde Pillen. Ich schluckte. Ein Joint war eine Sache, im Labor zusammengemischte Trips in

Bonbon-Form eine ganz andere. Krasser Scheiß. In meinem ohnehin schon benebelten Hirn kreisten Vorsicht und Versuchung umeinander wie zwei Boxer im Ring. Ich drehte das Tütchen in meiner Hand hin und her und legte es schließlich wieder hin.

»Was ist das?«

»2C-B.«

Ich zuckte mit den Schultern und zog eine Augenbraue hoch. Keine Ahnung, von was er da redete.

»Erox.«

Es tat mir ja echt leid, aber auch da läuteten bei mir nicht mal ansatzweise die Glocken. Offensichtlich sah man mir das auch an.

»So etwas wie LSD. Nicht ganz so krass und wirkt auch nicht so lange. Aber vergleichbar.«

Heilige Scheiße. Was war das hier? Das Drogenkartell von Tinsel-Town? Um ehrlich zu sein, ich war geschockt und wusste kaum, was ich sagen sollte. Geschweige denn, was ich tun sollte.

»Du musst nicht, Jimmy. Das ist nur ein Angebot. Deine Entscheidung.«

Ich sog nervös Luft durch die Zähne ein und begann auf dem winzigen Stückchen Mittelgang unterm Dach hin und her zu laufen. Ja? Nein? Ja! Nein! Ich war maßlos überfordert. Zum ersten Mal an diesem Abend wünschte ich mir, Adrian würde meine Entscheidungen nicht einfach akzeptieren, sondern sie mir abnehmen. Mir sagen, was ich tun sollte und mir keine Zeit lassen, darüber nachzudenken. Ich wusste genau, dass er das nicht tun würde. *Ja* war für ihn genauso gut wie *Nein*, solange es meinem freien Willen entsprach. Oder dem entsprach, was von meinem freien Willen im Alkohol- und Drogenrausch noch übrig war. Ich ließ mich wieder neben Adrian auf die Knie sinken, rieb mir angestrengt mit den Handballen die Augen und raufte mir die Haare. Ein Blick zu ihm half auch nicht, denn er trug nun ein Pokerface, damit ich meine Entscheidung alleine fällte. Ich schlug mir mit einer Hand vor die Stirn und schnaubte abfällig, während ich mir mit der anderen immer noch die Haare zerwühlte. Ich hob das Tütchen ins Licht, drehte und wendete es und schmiss es schließlich Adrian vor die Knie.

»Ah! Fuck it!«

Damit hielt ich ihm meine offene Handfläche erwartungsvoll entgegen. Adrian grinste sein halbseitiges Grinsen, schob mir meine Bierflasche zu und platzierte eine dieser niedlichen, kleinen, hellblauen Pillen mit einem aufgedruckten Krönchen in meiner zittrigen Hand. Er selbst bediente sich auch aus der Tüte, verschloss sie und steckte sie zurück in den braunen Umschlag. Dann griff er zu seiner Flasche und hielt sie mir grinsend entgegen.

»Prost.«

»Prost.«

Runterschlucken war so viel einfacher als die Entscheidung im Vorfeld. Irre, aber wahr. Ich dachte, es gäbe einen allerletzten Moment, in dem sich vielleicht nochmals der Verstand einzuschalten versuchte. Gab es nicht. Kein bisschen. Adrian nahm mir die Flasche aus der Hand und rückte an mich heran, um seine Stirn an meine zu legen. Ich schloss die Augen. Es war einfach irritierend jemandem aus dieser kurzen Distanz in die Augen zu sehen. Allein bei dem Gedanken drehte sich vor mir alles. Ich spürte, wie er seine Hände in meinen Haaren vergrub, seinen warmen Atem an meinen Lippen und das Vibrieren, als er leise lachte.

»Wir haben noch ungefähr dreißig Minuten zu überbrücken, Jimmy.«

Ich lachte ein kurzes, raues Lachen und nickte fast nicht wahrnehmbar.

»Okay.«

Mit einem kurzen Ruck an meinen Gürtelschlaufen schloss Adrian das letzte bisschen Platz zwischen uns und fuhr mit seiner Zungenspitze über meine Lippen. Ganz automatisch legte ich meine Arme um Adrians Nacken und küsste ihn. Instinktiv, ohne nachzudenken, einfach so. Selbstverständlich war mir im Hinterkopf irgendwie bewusst, dass Adrian ein Kerl war. War ja kaum zu übersehen. Aber ganz ehrlich. Das war mir in diesem Moment so was von egal.

Im Wohnzimmer unter uns musste wohl eine der Alkoholleichen wieder zum Leben erwacht sein, denn die Musik hielt kurz an und wenige Augenblicke später dröhnten Heavy-Metal-Klänge aus den Lautsprechern. Ich hatte das Gefühl, dass die Doublebase meinen Herzschlag erhöhte und die kreischenden Gitarrensoli das Blut in meinen Adern kochen ließen, aber das mochte auch gut und gern irgendetwas mit den Drogen zu tun haben. Die von Adrian angekündigten dreißig Minuten waren ohnehin die Übertreibung des Jahres. Bereits nach gefühlten drei Minuten konnte ich mich nicht mehr zusammenreißen. In kürzester Zeit lagen unsere Klamotten in einem wüsten Haufen am Boden, Adrian klebte wie ein Antennenwels mit seinen Lippen an meinem Hals und die übelsten Obszönitäten kullerten aus meinen Mundwinkeln. Vermutlich gab ich Adrian jeden erdenklich dreckigen Befehl. Angefangen bei *Gott, tu das noch mal, sofort!* über *This is so god damn hot, motherfucker!* bis hin zu jämmerlichem Winseln und Betteln nach mehr Körperkontakt, welches letztendlich in einem frustrierten Ausruf endete:

»Just fuck me already!«

Dann war ich plötzlich abgelenkt. Leuchteten Adrians Augen immer so? Und seit wann war der Mond grün? Ich fühlte Adrians Hände auf meiner Haut und hätte schwören können, dass es mehr als zwei waren. Angestrengt kniff ich die Augen zu, aber es war, als könne ich durch meine Augenlider hindurchsehen. Da war immer noch der Mond vor dem Fenster und er wechselte in unregelmäßigen Abständen die Farbe. Mein Hirn konnte die Eindrücke einfach nicht mehr sortieren und in eine ordentliche Reihenfolge bringen. In meinem verzweifelten Versuch ein kleines bisschen Kontrolle zurück zu erlangen, schob ich Adrian von mir, zwang ihn mit mir Rollen zu tauschen und pinnte ihn mit meinen gegrätschten Beinen unter mir fest. Ich versuchte mich ganz auf ihn zu konzentrieren und alles andere um uns herum auszublenden. Das bunte Licht, das durch die Dachluke schien, war ja ganz nett, aber nicht gerade das, was ich in diesem Moment wollte. Keine Ahnung, ob das wieder die Drogen waren, die durch meine Adern wanderten oder nicht. Jedenfalls kam mir Adrians Atmung sehr unregelmäßig und stoßartig vor, er verdrehte die Augen und krallte seine Finger in meinen Rücken. Scheinbar war er auch nicht mehr so ganz auf dieser Welt.

»Alles okay?«

Meine Stimme klang sogar für mich selbst fremd, aber Adrian schien sie noch zuordnen zu können.

»Ah-hm. Please don't stop.«

Gut, damit konnte ich etwas anfangen. Ich gab mir die größte Mühe, aber ehrlich gesagt, hatte ich keine Ahnung mehr was ich tat und konnte nur hoffen, dass es Adrian ähnlich ging. In kürzester Zeit war alles um mich herum nur noch grell und glitzernd und fürchterlich instabil. Wohin uns das alles führte, entzog sich vollkommen meinem Bewusstsein. Aber vermutlich lagen wir irgendwann nur noch inmitten unseres Chaos auf dem Rücken, starrten händchenhaltend aus dem Fenster und beobachteten jeder für sich seine eigene Privatvorstellung der farbenprächtigen, halluzinogenen Glühwürmchen. Hübsch waren sie.

Das Nächste, das ich bewusst wahrnahm, war, dass ich vor Kälte zitterte. Ich hatte keine Ahnung, wie lange ich geschlafen hatte oder wie viel Uhr es war, aber bis auf den Mondschein, der durch das Fenster fiel, war es stockfinster. Neben mir lag Adrian in eine Decke eingerollt und schlief tief und fest. Sein Brustkorb bewegte sich langsam und regelmäßig auf und ab. Seine Augenlieder zuckten, als ob er irgendetwas Aufregendes träumte. Aber sonst nichts. Gar nichts. Das war der Moment, in dem mich die Erkenntnis traf wie ein Vorschlaghammer. Es war zu still, viel zu still. Trotz des gekippten Fensters konnte ich die Wellen und den Wind nicht hören. Adrians Atmung war vollkommen stumm, und wenn ich kurz darüber nachdachte, dann machte selbst die Luftmatratze unter mir nicht das leiseste Geräusch, wenn ich mich bewegte. Was zum Teufel war hier los? Ich versuchte mich auf meine Knie zu setzen, doch auch das erwies sich als schwieriges Unterfangen, denn der Boden unter mir gab nach. Irritiert grub ich meine Finger in den Schlafsack, der neben mir lag, und hielt kurz inne. Ein weiterer Blick hinüber zu Adrian verriet mir, dass er von all dem nichts merkte. Dass ich alleine in diesem Bungalow unterm Dach saß und die Welt um mich herum nicht mehr verstand. Ich fragte mich allen Ernstes, ob die Dielen hier oben vorhin auch schon im Kreis verlegt waren und wenn ja, warum um alles in der Welt auch noch schwimmend? Sie drehten sich und das konnte einfach nicht richtig sein. Ehe ich mich versah, befand ich mich inmitten eines immer schneller rotierenden Strudels. Mir war schlecht, fürchterlich schlecht und ich war nicht fähig aufzustehen, um am Fenster Luft zu schnappen. Wie versteinert musste ich zusehen, wie sich der Raum um mich drehte und der Boden stillstand. Oder der Boden sich drehte und die Wände stillstanden. Oder gar eine Kombination aus beiden Varianten mir den letzten Nerv raubte. Mir lief der Schweiß von der Stirn und brannte wie Feuer in meinen Augen, aber diese zu schließen und mit den Fäusten zu reiben war auch keine Option, weil ich viel zu viel Angst davor hatte, den Schlafsack loszulassen, an dem ich mich so verzweifelt festhielt. Es war wie die erste Achterbahnfahrt meines Lebens. Ich wünschte mir, aus tiefstem Herzen, einfach aussteigen zu können. Ohne Aussicht auf Erfolg. Doch dann war es einfach vorbei. Dachte ich. Keinen einzigen Gedanken verschwendete ich an das

Sprichwort über die Ruhe vor dem Sturm. Hätte ich es doch besser mal getan. Der Raum stand still, der Boden auch, und wenn ich nur im Entferntesten geahnt hätte, was als Nächstes auf mich wartete, hätte ich bestimmt so schnell es ging meine Beine unter den Arm geklemmt, um die Flucht zu ergreifen. Ich schwor bei Gott, dass ich sah, wie die Holztäfelung an den Wänden um mich herum in Bruchteilen einer Sekunde vermoderte. Ich saß inmitten des Wracks der Titanic. Es hing ein schimmeliger Geruch in der Luft, schleimig grünes Moos wuchs aus den Astlöchern der Vertäfelung und dazwischen kreuchte und fleuchte das Ungeziefer, von dem ich nicht einmal wissen wollte, was es tatsächlich war. Spinnen woben in Windeseile Netze und seilten sich an unsichtbaren Fäden von der Decke ab. Erwähnte ich bereits, dass ich neben Höhenangst auch noch eine Spinnenphobie hatte? Ich kauerte mich winzig klein zusammen und verfiel in eine Schockstarre. Was um alles in der Welt? Man kam auf die schwachsinnigsten Ideen, wenn man sich in die Ecke gedrängt fühlte und ich gehörte zudem zu den Leuten, die definitiv zu viel fernsahen. Wie war das also? Beetlejuice – Beetlejuice – Beetlejuice!? Nirgends ist es schöner als daheim? Wo zum Henker war der gottverdammte eine Ring? Nichts half. Selbstverständlich nicht. War ja auch vollkommen lächerlich. Direkt vor meiner Nasenspitze seilte sich eine hässliche, dicke, schwarze Spinne ab. Langsam drehte sie sich um ihre eigene Achse und kam auf meinem rechten Knie zum Stillstand. Dann brach die Hölle los. Schrille Schreie, höhnisches Lachen, das Klappern millionen winziger Spinnenbeine auf dem Boden und das Aufploppen abertausender blutunterlaufener Augen an den Wänden, die mich anstarrten, ohne zu blinzeln. Ich schlug mir die Hände fest über die Ohren, rollte mich zusammen und winselte vor mich hin. Das war alles viel zu viel. Als ich plötzlich spürte, dass mich etwas am Ellenbogen berührte, legte sich bei mir ein Schalter um und ich flippte vollkommen aus. Keine Ahnung in welcher Reihenfolge, aber ich schrie und trat und schlug um mich, getrieben von innerlicher Panik. Es brachte rein gar nichts. Von hinten wurde ich gehalten, fest umschlungen, so dass ich mich keinen Zentimeter mehr bewegen konnte. Luft bekam ich schon eine Weile nicht mehr ausreichend, aber seit ich in der Falle saß, war es damit völlig vorbei. Das war's! Aus und vorbei!

»Ganz ruhig, Jimmy. Du musst atmen. Hörst du mich?«

Nein, nicht wirklich. Hauptsächlich hörte ich das ohrenbetäubende Rauschen in meinem Kopf. Trotzdem drang Adrians Stimme irgendwie zu mir durch.

»Sie starren mich an und lachen mich aus! Adrian! Nimm die Spinnen weg, ich kann nicht mehr!«

Langsam registrierte ich, dass er es war, der mich festhielt, während er beruhigend auf mich einredete. Diesmal beruhigte mich das aber ganz und gar nicht. Seine abgeklärte Art machte mich zu meiner Panik auch noch wütend und trieb mich dazu ihn anzuschreien.

»Siehst du das nicht? Fuckin' shit! Was ist das hier?«

Wiedereinmal ließ er sich nicht aus der Ruhe bringen. Kein Stück. Er schlang seine Arme noch fester um meine Hüfte, zwang mich dazu mich ruhig neben ihn zu legen und wickelte uns beide in seine Decke. Leise flüsterte er in mein Ohr.

»Das findet alles nur in deinem Kopf statt, Jimmy. Da ist nichts.«

Er wischte ein paar schweißnasse Haare aus meinem Gesicht, klemmte sie hinter mein Ohr und hauchte mir einen sachten Kuss auf den Hals.

»Mach die Augen zu und denk an etwas Schönes, dann hört es auf. Denk an Popcorn und Luftballons und versuch zu schlafen.«

Von Minute zu Minute wurde ich ruhiger und entspannte in seinen Armen. Popcorn und Luftballons funktionierten tatsächlich.

***

Menschen ändern sich nicht. Adrian nicht, du nicht und ich erst recht nicht. Ich werde immer im Sonnenschein stehen und frieren, ich werde mein Leben lang in falsche Richtungen laufen und meine stummen Schreie werden immer ungehört bleiben. Trotzdem lernte ich in dieser einen Nacht auf dieser gottverdammten Insel zwei wichtige Dinge.

Nummer eins: Es lohnt sich, der Welt kleine Hinweise zu geben, denn manchmal erregt man jemandes Aufmerksamkeit.

Nummer zwei: Mit ein wenig Glück ist dieser dazu bereit, dich für einen kurzen Augenblick aufzufangen, an der Hand zu nehmen und von dieser Welt zu entführen.

Gut. Ich gebe es zu. Sich einen Sarg bauen zu lassen, ist kein kleiner Hinweis mehr, sondern eher die Holzhammermethode. Aber sei's drum!

Kapitel 3

Abschiede sind immer schmerzlich. Manche sind besser zu verkraften, manche weniger, aber schmerzlich sind sie alle. Menschen kommen und gehen, einige bleiben im Gedächtnis und einige wehen einfach mit dem Wind davon. So ist das Leben, mag so mancher sagen. Genau deshalb sollte man doch meinen, wir seien darauf vorbereitet, denn der Tod lauert offensichtlich hinter jeder Ecke.

Sind wir nicht!

Kurz nach meinem zehnten Geburtstag starb meine Urgroßmutter. Als ich fünfzehn war, folgten ihr innerhalb weniger Wochen zwei meiner Großeltern ins Nirgendwo. Und als ich sechzehn Jahre alt war, lernte ich, dass es in den Gesetzbüchern des Todes keinen Jugendschutz gibt. Vor allem dann nicht, wenn es dem Jahresende entgegen geht und die Quote für Autounfälle noch nicht erfüllt ist. Dass es gleich zwei meiner Freunde treffen würde, war mehr als schockierend.

Statement:
Ich war kein vom Schicksal geknechtetes Kind, aber ganz unbelastet war ich auch nicht.

Erstaunlich ist allerdings, dass es hin und wieder viel schmerzhafter sein kann, wenn Menschen zwar noch da, aber trotzdem unerreichbar sind.

***

Konnte man wirklich an Langeweile sterben? Manchmal wollte ich echt meinen Allerwertesten darauf verwetten. Meine zweiundzwanzig Mitgefangenen sahen das wohl ähnlich, zumindest war es das, was ich aus ihren Blicken las. Dicke Regentropfen trommelten von außen an die Fensterscheiben. Es blitzte und donnerte schon den ganzen Morgen und wollte einfach nicht aufhören. Nicht, dass mich das störte. Ich mochte Gewitter. Aber damit war ich zumindest innerhalb dieser vier Wände wohl der Einzige. Während ich das annähernd schlimmste Vergehen eines Schülers beging und den Blitzen am Himmel zusah, wie sie gnadenlos ihre Gefechte austrugen, stiegen die anderen bereits in die Untiefen der deutschen Literatur ein. War ich einmal in meinem Traumland, konnte mich kaum etwas herausholen. Ich musste währenddessen aussehen wie ein Zombie. Starr, kalt, unansprechbar. Schlichtweg abwesend. Nur ohne das ständige Grunzen und Stöhnen. Hoffte ich zumindest inständig. Ein fester Tritt gegen mein Schienbein brachte mich dann aber doch in die Realität zurück. Ich stierte Savina, meine Sitznachbarin, entsetzt an. Doch sie gestikulierte unauffällig nach vorn in Richtung des Lehrerpults. Und da kam er auch schon, der Rüffel.

»Jimmy! In meinem Unterricht wird nicht mit dem Stuhl

gekippelt!«

Ich erwähnte bereits, dass ich nicht unbedingt die Person war, die sich kampflos allen Regeln beugte, oder? Manche Dinge ließen sich auch prima wegignorieren. Eines war sicher. Mit Lehrern funktionierte das nicht.

»Jimmy!«

Er nervte mich. Winmar Hedke, hauptberuflich Lehrer, nebenberuflich Kinderquäler, groß, hager, schlaksig, blond, blauäugig, Brillenträger. Er hatte nicht einmal irgendetwas furchtbar Schlimmes getan. Auch war er nicht langweiliger als all die anderen Lehrer dieser Anstalt. Ich wusste wirklich nicht, wieso ich fast schon platzte, nur weil er mich ansah. Er nervte mich einfach ungemein. Ich ließ meinen Stuhl nach vorn klappen, so dass alle vier Füße am Boden waren, und lehnte die Ellenbogen auf den Tisch.

»Hm?«

Ich hätte wenigstens *wie bitte* sagen sollen, denn nun hatte ich die Obrigkeit gekränkt. Das konnte ich an Hedkes Blick sehen. Ich konnte nichts dagegen tun. Unmittelbar musste ich an den hässlichen, alten Teekessel meiner Großmutter denken. Ein verbeultes Ding in gammeligem Erbsengrün mit roten Flecken. Wie Hedkes Gesichtsfarbe in diesem Augenblick. Vermutlich würde er auch genauso zischen und kreischen, wenn ihm vor Wut der Dampf aus den Ohren stieg. Ich grinste in mich hinein und machte damit alles nur noch schlimmer. Ohne mein dämliches Grinsen wäre ich wohl noch mit einem blauen Auge davon gekommen, hätte mich hinter den in die Luft gestreckten Armen meiner lernwilligen Mitstreiter verstecken und die Stunde mit angenehmeren Dingen verbringen können. Im Sinn standen mir Dinge wie meinen Walkman rauszuholen und Musik zu hören, gelangweilt in meinem Heft herumzukritzeln und darauf zu hoffen, dass mir dabei eine gute Idee für ein neues Bild einfiel, die ich in der nächsten Kunststunde brauchen würde, oder still und heimlich mit Savina Zettel zu schreiben. Sie saß so unruhig neben mir, dass es eigentlich nur eine Erklärung dafür gab. Irgendeine Art Tratsch und Klatsch war in den Gängen unterwegs und sie musste es unbedingt loswerden. Aber Pustekuchen. Ich musste ja so dämlich grinsen.

Nichts war unangenehmer, als wenn plötzlich alle Augenpaare im Raum auf einen selbst gerichtet waren. Es fehlten lediglich die grellen Spotlights. Nervös zwirbelte ich meine neongrünen Ponyfransen zwischen meinen Fingern hin und her und wandte meinen Blick nach unten. Ja. Neongrün. Ich hatte grundsätzlich immer noch schulterlanges, schwarzes Haar. Seit einigen Wochen waren aber neongrüne Strähnen dazu gekommen. Ein Anflug von Nostalgie im Hinblick auf den gerade endenden Sommer und alle Begebenheiten und Erlebnisse, die dieser beinhaltete.

Am liebsten hätte ich ihnen allen ins Gesicht gespuckt. Diese Schadenfreude war einfach nur widerlich. So etwas war doch krank. Oder nicht? Alle triumphierten innerlich. Man sah es an ihren Blicken, daran wie sie sich alle selbstgefällig in ihren Stühlen zurücklehnten, froh darüber, dass sie nicht selbst zum Mittelpunkt der Aufmerksamkeit geworden waren. Yeah! Nehmen wir Jimmy auseinander, der Loser hat es sowieso nicht anders verdient. Drängte ich mich denn dazwischen, wenn sie Hedke alle Honig ums Maul schmierten, um am Ende des Jahres mit einer halbwegs passablen Note bedient zu werden? Nein. Aber der gute, alte Grundsatz *Leben und leben lassen* war scheinbar unter Schülern nicht weit verbreitet. Eher wohl das Motto *Wir werfen das schwächste Glied der Kette den Wölfen zum Fraß vor*, oder so ähnlich. Hedke lehnte sich mit den Unterarmen auf sein Pult und lachte leise wie eine Hyäne. Er zog die Augenbrauen hoch und versetzte damit seiner Brille einen Ruck, so dass sie sein Nasenbein hinunter glitt und erst an der Spitze zum Halten kam. Er schielte über den Rand hinweg in meine Richtung und musterte mich kurz von oben bis unten, bis er endlich das ausspuckte, auf das alle hier im Raum warteten.

»Du hast ja sicherlich deine Hausaufgaben gemacht, Jimmy. Warum liest du sie uns nicht einfach vor?«

Fuck. My. Life. Natürlich hatte ich sie nicht gemacht. Wer machte schon Hausaufgaben? Hausaufgaben unterlagen einer simplen Regel. Pro Klasse gab es einen sehr fleißigen Schüler, der immer all seine Aufgaben brav erledigte und diese als Erster im Unterricht vortrug. Währenddessen hatten alle anderen die Zeit entweder ganz frech mitzuschreiben und anschließend so zu tun, als wären es ihre eigenen Gedanken gewesen, oder sich etwas Kurzes auszudenken, für den Fall, dass man als Nächstes an die Reihe kam. In neunundneunzig Prozent der Fälle funktionierte diese Methode auch prima. Heute hatte ich aber wohl die Arschkarte gezogen. Das Einzige, was mich jetzt noch retten konnte, war gutes Improvisationsvermögen.

»Okay.«

Ich zuckte kalt mit den Schultern und blätterte in meinem Block. Dass ich eine Seite aufschlug, die nichts weiter enthielt als wildes Kugelschreibergekritzel, ein paar Skizzen für den Kunstunterricht und einige Matheformeln, die ich mir niemals würde merken können, sah lediglich Savina. Sie blickte zwischen mir und meinem Block hin und her und hätte mir offensichtlich gerne geholfen, aber konnte es nicht, weil auch sie nicht gerade die Art von Schülerin war, die regelmäßig ihre Hausaufgaben erledigte. Sie war schrecklich irritiert und verstand nicht, was ich vorhatte. Ich warf ihr ein halbherziges Lächeln zu und holte tief Luft.

»Niemals zuvor las ich ein Stück deutsche Literatur, das der immer aufflackernden Frage *Was wollte uns der Dichter damit sagen?* gerechter wurde. Mit *Katz und Maus* erschuf der Schriftsteller eine ganz neue Bedeutung für die Begrifflichkeit des Spannungsbogens.«

Ich warf einen kurzen Blick durch den Raum und fing drei verschiedene Reaktionen auf. Anerkennung von Savina, die genau wusste, dass ich mir das alles gerade aus den Fingern sog, Verwunderung von Hedke, der fest damit gerechnet hatte, dass ich nicht ein einziges Wort sagen würde, und das Versprühen von tödlichem Gift durch all die anderen, die mich gern am Boden gesehen hätten. Was ich wusste, die anderen aber natürlich nicht wussten, war, dass ich zwar meine Hausaufgaben nicht gemacht, aber zur Abwechslung tatsächlich dieses scheußliche Buch gelesen hatte. Was sollte ich sagen? Ich wusste am vorigen Abend nichts mit mir anzufangen, weswegen ich letztendlich mit einer Tasse Kaffee in der einen und dem Buch in der anderen Hand auf der Couch lag und es komplett am Stück las. Ich räusperte mich und blätterte schlichtweg zum Schein die Seite meines Blockes um.

Die einzige Konstante, die sich fortwährend durch mein Leben zog, war der Hang zu Kurzschlusshandlungen. Im einen Augenblick war ich noch fest damit beschäftigt meinen Hals aus der Schlinge zu ziehen und im Nächsten schob ich alle guten Vorsätze beiseite und sprang sehenden Auges von dem Podest, das dafür sorgte, dass sich die Schlinge nicht zuzog. Schlechte Entscheidungen traf jeder irgendwann, bei mir wurde es so langsam zum Dauerzustand. Aber ganz ehrlich. Ich konnte einfach nicht anders. Die ganze Situation, in der ich da steckte, schrie geradezu danach, eine Bombe platzen zu lassen. Hedkes Blick war viel zu hoffnungsvoll. Das konnte ich nicht ertragen.

»Das Werk umfasst exakt einhundertneunundreißig Seiten, und wenn man es realistisch betrachtet, sind genau einhundertachtundreißig davon die völlige Zeitverschwendung. Muss ich nun das Gesamtwerk mit einem einzigen Wort beschreiben, so lautet dieses *Hoffnungskiller*. Nur mit Mühe lässt sich überhaupt der Aufbau eines Spannungsbogens erkennen. Besser beschrieben wäre es als Ruhe vor dem Sturm, Bombenabwurf auf Seite zweiunddreißig und letztlich die völlige Zerstörung jeglicher Hoffnung. Angelangt auf Seite zweiunddreißig, auf welcher Mahlke und sein Freund sich fröhlich und unbekümmert einen runterholen, dachte ich kurz darüber nach, das Buch wegzulegen und mir ein Beispiel an den Protagonisten zu nehmen. Ich tat es nicht, in der Hoffnung, dass der Schriftsteller nun endlich den Einstieg in eine interessante Geschichte geschafft hatte. Leider wurde ich zutiefst enttäuscht. Mein Fazit lautet daher: Manchmal folgt man besser seinen ersten Eingebungen, denn diese sind meist um einiges befriedigender als alle anderen möglichen Alternativen.«

Damit beendete ich meinen Vortrag, klappte den Block zu und begann in weiser Voraussicht meine Sachen zu packen. Zum zweiten Mal an diesem Morgen sah ich Hedke ins Gesicht und musste an diesen verdammten Teekessel denken. Ein Blick durch die Reihen zeigte lauter offenstehende Münder und Überraschung in den Augen. Nach ungefähr zwei Minuten hatte sich Hedke wieder gefangen, aber wohlgesinnt war er mir nicht. Sein Blick hätte töten können.

»Jimmy! Raus!«

Gut, das ließ ich mir ganz bestimmt nicht zwei Mal sagen. Ich warf mir meinen Rucksack über die Schulter, schüttelte auf dem Weg zur Klassenzimmertür eine Zigarette aus der Schachtel und klemmte sie mir zwischen die Lippen. Den Griff in der Hand, drehte ich mich nochmals zur Klasse um.

»Hat einer mal Feuer?«

Selbstverständlich war mir bewusst, dass ich hier auf einem Minenfeld wanderte, aber es gab Dinge, die waren mir in diesem Augenblick wichtiger. Ein Feuerzeug, beispielsweise. Savina, die sich vor Lachen kaum mehr auf dem Stuhl halten konnte, warf mir eine Packung Streichhölzer entgegen. Ich nickte erst ihr zu und schielte dann ein letztes Mal zu Hedke hinüber, der mit ausgestrecktem Finger auf mich zeigte.

»Raus!«

Um mich nicht noch tiefer in die Tinte zu reiten, drehte ich mich auf dem Absatz um und verließ das Klassenzimmer. Ich trottete langsam durch die Gänge, die zu diesem Zeitpunkt wie leergefegt waren, das Treppenhaus hinunter, hielt dann und wann an, um mir die frisch aufgehängten Bilder des Kunst-Leistungskurses anzusehen und stieß schließlich die Tür zum hinteren Schulhof auf. Zum ersten Mal an diesem Morgen konnte ich durchatmen. Klassenzimmer hatten eine klaustrophobische Wirkung auf mich. Vielleicht hatten sie das aber auch für jeden Schüler. Mochte gut und gerne sein. Nach wie vor goss es wie aus Kannen, sodass das Regenwasser auf dem Asphalt Blasen schlug. Ich zog die Kapuze meines Pullovers tief in mein Gesicht hinein und sprintete quer über den Schulhof auf die Bänke unter den Kastanienbäumen zu. Schon klar. Es war nicht sonderlich clever bei Gewitter unter einem Baum zu sitzen. Aber meine Güte. Wenn der Blitz mich unbedingt treffen wollte, dann tat er es. Baum hin oder her. Ich stieg auf die Bank, setzte mich oben auf die Lehne und fischte erst einmal Savinas Streichhölzer aus meiner Hosentasche, um mir endlich diese so dringend nötige Zigarette anzustecken. Binnen weniger Minuten war ich von oben bis unten durchnässt, aber ich konnte mich einfach nicht dazu überwinden, aufzustehen und dieses Gebäude zu betreten. Also saß ich einfach da, hing meinen trüben Gedanken nach und wischte mir in mehr oder minder regelmäßigen Abständen das Regenwasser aus dem Gesicht. Dass ich diese Welt gedanklich völlig verließ, wenn sich vor meinem inneren Auge mein Traumland auftat, erwähnte ich ja bereits, deshalb war es auch gar nicht verwunderlich, dass ich einen halben Herzinfarkt bekam, als Savina plötzlich mit einem Regenschirm in der Hand neben mir stand und mich am Ärmel zog.

»Du bist ein Vollidiot! Wenn du so weiter machst, sitzt du im Knast, noch ehe du fünfundzwanzig wirst.«

Sie stand neben mir, die Jeans bis über die Knöchel hoch gekrempelt, eine Hand fest um den Griff des Schirms geschlungen, die andere zerzauste ihr kurzgeschnittenes, rotes Haar. Die Augenbrauen zog sie streng zusammen und der Blick in ihren grauen Augen war finster.

»Und wahrscheinlich wirst du auch noch krank, wenn du weiter hier im Regen rumsitzt. Komm mit rein, Jimmy.«

Ich zuckte mit den Schultern. Dazu hatte ich nichts zu sagen. Vermutlich hatte sie recht. Mit beidem. Also ließ ich mich von der Lehne gleiten und lief schweigend mit ihr ins Schulgebäude. In der Aula setzte ich mich vor eine Heizung und wrang meinen Pullover und meine Haare aus.

»Das war eine amüsante Vorstellung vorhin. Sehr unterhaltsam für uns Zuschauer, aber dir werden solche Aktionen irgendwann das Genick brechen.«

Auch dazu konnte ich nichts weiter sagen. Es war wie immer. Vermutlich hatte sie recht. Also zuckte ich nur ein weiteres Mal mit den Schultern.

»Jimmy. Bitte.«

Seufzend setzte sie sich neben mich an die Heizung. Savina war so etwas wie die Personifizierung meines eigenen Gewissens. Sie ließ mich nie einfach mal in Ruhe Scheiße bauen. Nein, sie musste mir meine Fehler vorhalten, darin rumbohren und gab nicht auf, bis ich schließlich klein beigab. Heute war ich allerdings nicht in der Stimmung für

Einsicht.

»Vina, lass mich. Okay?«

»Nein. Nicht okay. Hedke sagte, du müsstest in der nächsten Klausur schon ordentlich was reißen, um in diesem Jahr noch mit einer Vier rauszukommen.«

»Ja und?«

Savina schnaubte laut und riss mich am Ärmel herum, damit ich ihr ins Gesicht sah.

»Nichts ja und, Jimmy! Du weißt doch selbst, dass er am längeren Hebel sitzt. Wenn Hedke dich durchfallen lassen will, dann tut er das auch, obwohl du eigentlich echt gut bist. Warum beißt du dir nicht einfach auf die Zunge, kassierst deine Zwei und gehst? Warum dieser Aufstand?«

»Weil mir der ganze Scheiß hier die Luft zum Atmen nimmt, Vina. Ich habe keine Lust mehr. Ich will nicht mehr, verstanden? Lasst mich doch einfach alle in Ruhe!«

Ich gab zu, meine Reaktion war überzogen, irrational, vollkommen unvorhersehbar. Für Savina mochte sie zu alledem auch noch unnachvollziehbar gewesen sein, denn sie hatte ja keine Ahnung, welches Chaos in meinem Kopf herrschte. Ich ließ ihr aber auch keine Zeit, die Situation zu analysieren, sondern rappelte mich auf, warf meinen Rucksack über die rechte Schulter und lief in Richtung der Ausgangstür. Zunächst dachte ich, Savina würde es einfach dabei belassen, dann hörte ich aber doch ihre schnellen Schritte hinter mir, spürte, wie sie meinen Rucksack von hinten packte und mich zum Anhalten zwang.

»Was zum Teufel ist mit dir los?«

»Nichts.«

»Du lügst.«

»Es ist alles prima. Jetzt hör endlich auf damit, Savina.«

Ich riss mich von ihrem Griff los und zog die Haupteingangstür auf.

»Was hast du jetzt vor?«

»Ich gehe nach Hause.«

Wütend stampfte sie mit einem Fuß auf den Boden, aber offenbar wusste sie nichts weiter zu erwidern, deshalb trat ich den Rückzug an. Als ich das große, eiserne Schultor durchschritt, brüllte sie mir aufgebracht hinterher.

»Du bist echt nicht mehr zu retten, Jimmy!«

Als ob ich das nicht selbst wusste. Wahrscheinlich war das sogar das Einzige, dessen ich mir in meinem Leben wirklich sicher war. Retten konnte mich keiner.

Meine Schlüssel klapperten im Schloss zum Takt meiner ratternden Gedanken, die angestrengt versuchten eine passende Ausrede dafür zu finden, warum ich bereits um halb elf von der Schule zurück war. Innerlich stellte ich mich auf einen Hagel von Fragen meiner Mutter ein, doch als ich die Tür aufschwang, erwartete mich nur schweigende Stille. Ich trat meine Chucks in die Ecke neben dem Schuhschrank, wohl wissend, dass ich meine Mutter mit meiner Faulheit mich zu bücken und die Schuhe in den Schuhschrank zu stellen, wahnsinnig machte, und lief langsam und leise in die Küche. Aber auch da herrschte Stille. Nicht einmal das Radio lief. Auf dem Herd lag ein großes Stück Papier, mit einer Nachricht, die vermutlich an mich und meine Schwester gerichtet war.

»Ich muss für eine Kollegin heute Mittag einspringen. Essen steht im Kühlschrank. Bin so gegen neunzehn Uhr wieder zurück.«

Aha. Das erklärte einiges. Kaum hatte ich die Nachricht gelesen, wusste ich schon nicht mehr, ob ich mich nun darüber freuen oder ärgern sollte. Neigte ich plötzlich zu bipolaren Schwankungen oder was? Meine ständigen Auf-und-Abs nervten ja sogar mich selbst. Die Sache war, ich war ohnehin schon schlecht gelaunt und hatte fest damit gerechnet nach Hause zu kommen, mit meiner Mutter eine hitzige Diskussion zu führen, laut zu werden und meine Zimmertür hinter mir fest zuzuknallen. Das wäre kurzzeitig unschön gewesen, aber so hätte ich mich wenigstens für eine Weile abgeregt. Nun stand ich mitten in der leeren Küche, mit einem dämlichen Zettel in der Hand und wusste nichts mit mir anzufangen. Savina wollte gern mit mir reden, aber sie stieß ich von mir, hier zuhause wollte ich mit jemandem reden, aber da hörte mir keiner zu. Ich seufzte laut, drehte mich einmal um mich selbst, aber als sich dadurch immer noch nichts an meiner elenden Situation änderte, beschloss ich, mich in mein Zimmer zurückzuziehen. Ich lief zurück durch den Flur und die Treppe hinunter. Unters Dach passte ich nicht mehr, seit ich größer als ein Meter und fünfzig war. Meine Mutter sagte damals, ich könne mir entweder einen Buckel wachsen lassen oder in den Keller ziehen. Ich glaubte ihr nicht. Trotzdem zog ich in den Keller. Die Tür zu meinem Zimmer zu öffnen war ein schwieriges Unterfangen, da sich hinter ihr auf dem Boden alles Mögliche an Zeugs und Krempel sammelte. Hauptsächlich dreckige Klamotten und dazwischen ein paar CDs und DVDs. Ich schob mir einen schmalen Weg zu meinem Schreibtisch frei, legte meinen Rucksack darauf ab und grub mich weiter durch zu meinem Bett. Zu meinem Sarg, um genau zu sein. Eine Holzkiste in traditioneller Sargform, schwarz gestrichen, ausgekleidet mit dunkelblauem Samt und der praktischsten Erfindung aller Zeiten, nämlich einem Deckel zum Zuziehen.

Als ich meine Eltern informierte, dass ich mir einen Sarg bauen lassen, mein Bett aus meinem Zimmer verbannen und stattdessen in diesem schlafen würde, war der einzige Kommentar, der dazu fiel: *Wechseln wir jetzt also von Punk zu Grufti?* Kein: *Du spinnst ja!* Oder: *Nur über meine Leiche!* Oder vielleicht sogar: *Kind, was ist mit dir los?* Nichts! Auf den dämlichen Grufti-Kommentar konterte ich mit der Bemerkung, ich müsse meine Unschuld begraben. Selbst darauf wurde nicht reagiert, deshalb verfolgte ich tonlos meine Pläne.

Da stand er nun vor mir, der Deckel hochgeklappt und gegen die Wand gelehnt, über den Rand bis auf den Boden hing meine verkrumpelte Bettdecke und davor stapelte sich ein Haufen leere Flaschen und Zigarettenschachteln.

»Gottverfluchte Scheiße!«

Ich wusste einfach nicht, wohin mit all meiner Wut, aber sie musste raus. Soviel war klar. Wieder einmal war ich an dem Punkt angelangt, an dem ich krampfhaft nach Luft schnappte, meine Hände zitterten und sich mein Kopf anfühlte, als zerspränge er jeden Augenblick. Mit voller Wucht trat ich gegen eine der Glasflaschen. Sie zerbarst an der unteren Ecke meines Sarges in tausend kleine, spitze Scherben. Der letzte Rest des Inhalts floss langsam über den Boden und sammelte sich in schmalen Rinnsalen in den Fugen zwischen den Fliesen und ich stand starr und still daneben und sah dabei zu. Die gröbste Anspannung war nun zwar verflogen, aber ich hatte nach wie vor diesen Kloß im Hals, der sich einfach nicht runterschlucken ließ. In meiner Hosentasche fühlte ich die Packung Streichhölzer, die mir Savina am Morgen zugeworfen hatte, deshalb traf ich kurzerhand die Entscheidung damit die kleine Öllampe anzuzünden, die neben meinem Sarg auf dem Tisch stand und die Rollläden der Oberlichter herunterzulassen. Auf Zehenspitzen schlich ich zu meinem Sarg, umtänzelte dabei all die Glassplitter, die am Boden lagen, stieg hinein und zog den Deckel über mir zu. Ich wollte einfach meine Ruhe. Ganz genau so, wie ich es wenige Stunden zuvor Savina an den Kopf geknallt hatte. Ich wollte ein bisschen Stille und Frieden, aber das konnte ich offensichtlich nicht bekommen. Selbst wenn die ganze Familie ausgeflogen war, die Vögel vor meinem Fenster schwiegen und ich einsam in der Dunkelheit in meinem Sarg lag, konnte ich diese Ruhe, die ich so dringend benötigte, nicht haben. Mein Kopf war schuld. Meine Gedanken, mein Unterbewusstsein, mein Gewissen, mein was auch immer. Ich lag auf der Seite, die Knie bis unters Kinn gezogen, die Arme drum herum geschlungen. Ich hörte mir selbst beim Atmen zu und wünschte mir so sehr, es würde dabei bleiben. Tat es nicht. Das tat es nie. Es waren keine Stimmen, die ich hörte und keine Situationen, die ich immer und immer wieder durchgehen musste, keine Angst, in die ich mich hineinsteigerte. Eigentlich konnte ich nicht einmal genau beschreiben, was mit mir nicht stimmte. Das Einzige, das feststand war, dass am Ende meine Gefühlswelt auf dem

Kopf stand, ich mich selbst innerlich laut schreien hörte und unfähig war wieder damit aufzuhören. Ich hob den Deckel des Sarges einen Spalt breit an und schielte über den Rand. Mein Zimmer war stockfinster, lediglich das winzige Licht der Öllampe erhellte einen geringen Teil des Raumes und flackerte durch den Luftzug, der unter der Tür durchkam. Auf dem Boden vor mir lagen all die kleinen Scherben der Wasserflasche und blitzten im Schein der Lampe wie tausend kleine Diamanten. Ich streckte einen Arm nach unten aus und angelte nach der größten Scherbe, während ich mit dem anderen den Sargdeckel ganz aufschob und gegen die Wand lehnte. Allein der Gedanke an die scharfen Kanten bereitete mir Gänsehaut. Ich kaute auf meiner Unterlippe und drehte eine ganze Weile die Scherbe zwischen Daumen und Zeigefinger hin und her.

Wenn es um Versuchungen ging, war ich eine furchtbar schwache Person. Mein Verstand konnte mir auch noch so klar und deutlich sagen, dass ich im Begriff war, den größten Schwachsinn aller Zeiten anzustellen, es half nichts. Unbewusst verordnete ich ihm Sendepause. Wie in Trance schob ich die Scherbe mit den Fingern in meine linke Handfläche. Ganz unschuldig lag sie da, als könne sie kein Wässerchen trüben. Ihre scharfen Kanten ragten spitz nach oben und blitzten und blinkten im Kerzenschein. Langsam schloss ich meine Hand darum und drückte zu. An CIPA litt ich nicht. Ich spürte die Schmerzen schon. Ganz genau sogar. Das Erschreckende war, dass es mich nicht im geringsten störte. Ich saß in meinem Sarg, mit dem Rücken an den aufgeklappten Deckel gelehnt, die Knie bis unters Kinn gezogen und lächelte dämlich vor mich hin, als die ersten Bluttropfen mit einem leisen Plopp auf mein Kopfkissen fielen. Ich fühlte mich wie auf Drogen, war es aber zur Abwechslung mal nicht. Offensichtlich war das hier etwas sehr Ähnliches. Dieser konzentrierte Schmerz in meiner Hand ließ den Druck in meiner Brust verschwindend gering werden und nichts anderes wollte ich in diesem Augenblick. Lautes Klopfen an meiner Zimmertür riss mich schließlich aus meinem Delirium.

»Jimmy? Bist du da?«

Meine Schwester. Und schon schwang die Tür auf. Prima.

»Jess! Was zum Teufel! Lass bloß das Licht aus!«

Innerlich brach ich schon wieder in Panik aus. Ich war ja so geliefert, wenn Jessica auf den Lichtschalter drücken und dieses Chaos hier sehen würde. Die Scherben am Boden genügten schon. Wenn man dann diese eine Scherbe bedachte, die gerade tief in meiner Handfläche steckte. Ich war geliefert. Ich zog meine Bettdecke bis zur Nasenspitze hoch und verkroch mich tief bis unter den Rand meines Sarges.

»Ähm. Was geht mit dir ab?«

Was ging mit mir ab? Was ging mit ihr ab? Wieso war sie überhaupt daheim und nicht in der Schule? Ruhe konnte ich wohl tatsächlich nirgends bekommen. Vielleicht zwei Meter tief begraben unter der Erde, aber soweit war es noch nicht.

»Mörder-Migräne. Mach die Tür zu, das Licht killt mich.«

»Oh. Soll ich dir Schmerztabletten bringen?«

Tja. So war sie, meine Schwester. Wäre ich nicht so dringend darauf angewiesen, dass sie so schnell wie nur irgend möglich mein Zimmer verließ, hätte ich sie für ihre schwesterliche Fürsorge gern gedrückt. Stattdessen grummelte ich vor mich hin.

»Nah. Hier liegt irgendwo eine Packung Ibuprofen rum. Danke.«

»Okay. Du isst dann bestimmt später nicht mit, oder?«

Schon allein bei dem Gedanken, in diesem Zustand gemeinsam mit meiner Familie an einem Tisch zu sitzen und auf Friede, Freude, Eierkuchen zu machen, drehte sich mir der Magen um.

»Gott! Bloß nicht!«

Ich hörte meine Schwester kichern und schon war meine geschwisterliche Zuneigung zu ihr wieder verflogen.

»Armes Baby.«

Ich hasste sie. Für solche Sticheleien hatte ich jetzt echt keine Nerven. Ich griff die Packung Streichhölzer, die neben der Öllampe auf dem Tisch lag, und schmiss sie in Richtung Zimmertür.

»Hau ab und mach die Tür hinter dir zu!«

Damit ging sie und ich sackte erst einmal in mich zusammen. Was um alles in der Welt tat ich hier eigentlich? Nun war es offiziell. Ich war der größte Loser aller Zeiten. Die logische Konsequenz aus all den Geschehnissen dieses Tages hätte sein müssen, entweder nach oben zu gehen und meine Familie um Hilfe anzuflehen oder das Telefon zu nehmen und Savina anzurufen, um ihr alles zu erzählen und mir sagen zu lassen, dass alles wieder gut würde. Oder meinetwegen auch gleich einen Termin bei einem Psychiater auszumachen. Leider war Logik keine meiner Stärken. Das Erste was ich dann tat, war aufstehen und meine Zimmertür verschließen. Eine Wiederholung der Szene mit meiner Schwester hätte ich auf keinen Fall überlebt. Danach sammelte ich all die Scherben von meinem Fußboden, verstaute sie tief in meinem Mülleimer und beging schließlich den größten Fehler dieses Tages. Ich drückte auf den Lichtschalter.

Ich blutete, als sei ich gerade aus einem Schlachthof entflohen. Ernsthaft. Die rote Suppe rann mir geradewegs durch die Finger und überall dort, wo ich entlang gelaufen war, verteilten sich dicke Tropfen auf den Fliesen. Ich angelte nach einem alten T-Shirt, wickelte es mir um die Hand, und weil ich der weltgrößte Vollschwachmat war, zündete ich mir eine Zigarette an, um meine Nerven zu beruhigen. Funktionierte natürlich nicht. Weil ich zitterte, wie Espenlaub und mich selbst kaum auf den Beinen halten konnte, gab ich den Gedanken mit der Zigarette auf, drückte sie einfach auf dem Boden aus und schwankte zu meinem Sarg.

»Shit. Shit. Shit!«

Und weil heute der Tag der grottigen Entscheidungen war, drückte ich zwei Ibuprofen-Tabletten aus der Packung, die tatsächlich noch auf dem Tisch neben mir lag, schluckte sie trocken hinunter und überlegte kurz, ob ich auf die Suche nach einer Packung Diclofenac gehen sollte, war aber schlichtweg unfähig dazu. Vermutlich war es diese Unfähigkeit, die mich durch die nächsten Stunden brachte. Wusste doch nur der Teufel, wie sich Schmerztabletten, Muskelentspanner und eine labile Psyche vertrugen. Vermutlich wie Katz und Maus. Womit ich gedanklich wieder am Anfang des Desasters angelangt war. Das Letzte, an was ich mich erinnerte, war das Pochen in meiner Hand im Rhythmus meines

Herzschlags. Sonst nichts. Schwarzes, kaltes, hoffnungsloses Nichts.

Lautes Hämmern holte mich unsanft aus dem Land der Träume. Ich hätte schwören können, dass das Hämmern von einem fiesen, großen Presslufthammer direkt vor meinem Fenster kam. Diese Wette hätte ich aber haushoch verloren. Es war meine Mutter, die mit der Faust gegen meine Zimmertür trommelte und sich dabei lauthals darüber aufregte, dass ich abgeschlossen hatte. Sie brüllte irgendetwas von sieben Uhr und Schule. Plötzlich war ich hellwach und saß aufrecht in meinem Sarg.

»Jimmy!«

»Mutter!«

Ich verdrehte die Augen und schnaubte. Musste sie denn am frühen Morgen so einen Aufstand proben? Aber wer war ich schon, mich darüber aufzuregen? Selbst war ich kaum einen Deut besser mit meiner flapsigen Antwort.

»Schon gut, ich bin ja wach. Meine Güte!«

Meine Hand spannte höllisch, mein Kopf fühlte sich an, als sei er mit einer halben Tonne Pudding gefüllt und schlecht war mir obendrein. In mir schrie alles nach einer Tasse schwarzem Kaffee, aber ich konnte dieses Zimmer nicht verlassen, bevor ich nicht irgendwie die ganzen Blutflecke am Boden weggeschrubbt und die Wunde an meiner Hand versteckt hatte. Die übrigens feuerrot war und mit Sicherheit eine Entzündung ausbrütete. Es war ein schwieriges Unterfangen, aber ich schaffte es irgendwie an diesem Morgen das Haus zu verlassen, ohne viel Aufmerksamkeit auf mich zu lenken. Vermutlich zahlte es sich aus, dass ich tatsächlich ab und an unter Migräneanfällen litt und jeder wusste, dass man mich dann besser nicht ansprach. Jedenfalls befand ich mich eine Dreiviertelstunde später auf dem Weg zur Schule, ganz ohne die zwischenzeitliche Androhung meiner Eltern, mich sofort in eine Klinik einweisen zu lassen. Das war doch mal etwas. Oder nicht?

Vor dem Schultor wartete bereits Savina. Schon von Weitem konnte ich die fiese Falte zwischen ihren Augen erkennen. Ohne Zweifel war sie immer noch stocksauer auf mich und das, das musste ich zugeben, mit Recht. Ich stellte mich auf eine ihrer berühmten Standpauken mit einer gehörigen Portion moralischem Blabla ein, aber es kam schlimmer.

»Himmel, siehst du scheiße aus.«

Na, das hörte man doch immer gerne. Vielen herzlichen Dank auch. Ich schnaubte und zuckte mit den Schultern.

»Hör mit diesem beschissenen Schulterzucken auf, und sag mir endlich, was in deinem kranken Hirn vor sich geht!«

War ja klar, dass ein einziger beißender Kommentar nicht genügte. Savina konnte sich gut in Rage reden. Ich aber auch. Und ich hatte heute keine Lust auf Standpauken. Gerade als ich Savina lauthals in ihre Schranken weisen wollte, fegte Jessica, meine Schwester, mit einem ganzen Trupp gackernder Hühner im Schlepptau an uns vorbei. Sie zerzauste im Vorbeigehen meine Haare, was nicht weiter auffiel, weil ich an diesem Morgen, laut Savina, ohnehin scheiße aussah, und blieb schließlich abrupt stehen.

»Ich brauche dich für die Einkäufe heute Mittag, Jimmy. Du hast die Party doch nicht vergessen, oder?«

Die Party? Vergessen? Ich? Ja, sicher. Diese beschissene Party geisterte mir schon seit Wochen im Kopf herum und ich hasste sie dafür. Meiner Schwester gegenüber lächelte ich allerdings brav und versicherte, dass ich mit ihr alle nötigen Besorgungen machen würde. Ich hatte ja auch keine andere Wahl.

»Jimmy?«

Savina packte mich am Arm und sah mich besorgt an.

»Alles okay? Du starrst Löcher in die Luft. Und du läufst irgendwie grün an. Ist dir schlecht?«

Ja, verdammt noch mal! Ich wollte gerne meinen Magen von innen nach außen krempeln und mich anschließend in ein dunkles Loch zum Sterben zurückziehen! Ich lächelte Savina zu und schüttelte den Kopf.

»Alles im grünen Bereich. Lass uns reingehen.«

Ich wartete gar keine Antwort ab, sondern lief einfach die Treppen der Eingangshalle hinauf.

Erste Stunde. Deutsche Literatur. Winmar Hedke. Ich fühlte mich wie in einer Zeitschleife. Schon wieder saß ich in diesem Klassenzimmer gefangen. Schon wieder hatte ich keine Hausaufgaben gemacht. Schon wieder wand ich mich unter all den Blicken, die ich heute noch viel weniger als am gestrigen Morgen ertragen konnte. Savina saß neben mir, kramte allen möglichen unnützen Krempel aus ihrem Rucksack und schob mir schließlich ihren Block zu.

»Von welcher Party redet Jess da?«

Gott, was hatte ich nur so Schlimmes getan, dass mir hier keiner meine Ruhe gönnte? Ich seufzte tief in mich hinein und nahm einen Kugelschreiber in die Hand und schrieb.

»Abschiedsparty. Am Wochenende.«

»Cool.«

Ich malte einen Smiley darunter und schob den Block zurück.

Jep. So war es. Meine Schwester verließ für ein ganzes Jahr das Land. Den Kommentar über in diesen Umstand verwickelte, schäbige Animateure sparte ich mir an dieser Stelle. Oder auch nicht. Und anstatt dafür zu sorgen, dass alle ihre Freunde zu einer riesigen Abschiedsparty kamen, bunte Girlanden und Luftballons aufzuhängen oder ihr diesen scheußlichen Karottenkuchen zu backen, den sie so mochte, saß ich hier und hätte einfach nur kotzen können. Für Jessica würde es wahrscheinlich das coolste Jahr ihrer Schullaufbahn werden, für mich ein Horrortrip. Ich gab es ungern zu, aber ich brauchte meine Schwester. Für was? Für so viele Dinge mehr, als ich im täglichen Leben tatsächlich registrierte. Ich brauchte sie zum Langeweile-killen, zum Sandwiches-um-Mitternacht-machen, zum Streiten, zum Gegen-die-Eltern-verbünden, zum Dämliche-Sitcoms-am-Sonntag-gucken, zum Lachen, zum Ausheulen, zum Aufregen. Vor allem aber zum Nicht-alleine-sein. Jessica war der einzige Mensch auf dieser Welt, dem ich vertraute, von dem ich wusste, dass sie verstand, wenn Dinge ernst wurden. Wir mochten uns ab und an gegenseitig auf die Nerven gehen, uns zoffen, Türen zuschlagen, anbrüllen und die Pest an den Hals wünschen. Aber wenn es ernst wurde, konnte ich mich immer auf sie verlassen. Jessica und ich waren uns nicht immer einig, aber gegen die Welt waren wir ein eingeschworenes Team. Sie war in gewisser Weise mein Schutzschild gegen die Welt und alle Gefahren, die diese barg. Und nun riss sie von heute auf morgen alle Barrieren nieder und ließ mich einsam und verletzlich zurück. Ich wusste, dass ich überdramatisch war, dass Jessica nicht bis in alle Ewigkeit mit ausgefahrenen Krallen an meiner Seite stehen und mich verteidigen würde. Ich wusste auch, dass ich mich langsam und stetig an den Gedanken, ein Jahr ohne sie verbringen zu müssen, hätte gewöhnen können, wenn ich nicht der Meister der Verdrängung gewesen wäre. Das änderte aber auch nichts an der Tatsache, dass ich Angst vor dem Tag hatte, an dem sie in dieses verdammte Flugzeug steigen würde. Aber was sollte ich tun? Sie heulend auf Knien anflehen zu bleiben? Sicherlich nicht. Diese bittere Pille musste ich einfach schlucken. Aber sie steckte mir quer im Hals, so viel war klar.

Savina wedelte mit dem Kugelschreiber vor meinen Augen herum und tippte mit dem Zeigefinger auf ihren Block.

»Du tust es schon wieder. Löcher in die Luft starren und grün anlaufen. Spuck es schon aus.«

»Migräne. Mir ist schlecht. Lenk mich ab.«

Ich schob ihren Block zurück und hoffte inständig, dass ich sie damit endlich aus dem Nacken hatte. Eine Weile spielten wir schweigend Tic Tac Toe und Schiffe versenken, wobei ich bei beidem haushoch verlor. Ein großer Taktiker war ich wohl auch nicht. Doch dann kritzelte Savina eine weitere Frage aufs Papier.

»Willst du mal was echt Ekliges sehen?«

Was sollte das denn? Ich malte ein großes Fragezeichen auf den Block und sah sie erwartungsvoll an. Savina nahm grinsend den Kugelschreiber in die Hand und kritzelte einen Namen aufs Papier.

»Ris.«

Ris, richtigerweise Ferris, saß eine Reihe vor und schräg links von mir. Im Halbschlaf hing er mit seinem Kopf auf dem Tisch, die Lippen einen Spalt breit geöffnet, die Augen geschlossen und er sabberte. Ich zog eine Augenbraue hoch und rümpfte die Nase. Savina kritzelte erneut auf den Block.

»Nicht das! Tiefer!«

Okay. Alles klar. Punkt eins: Wieso trugen die Kids heutzutage Baggy-Pants? Punkt zwei: Wieso trug man dann auch gleichzeitig rot-weiß-gepunktete Unterwäsche? Aber vor allem Punkt drei: Wieso um alles in der Welt waren manche Leute unfähig dazu, sich auf einen Stuhl zu setzen, ohne der ganzen Nation einen Blick auf ihren blanken Allerwertesten zu gewähren? Himmel, das musste doch nicht sein. Meine Damen und Herren, der Oscar für das eindrucksvollste Bauarbeiterdekolletee ging zweifelsfrei an Ris. Ich schüttelte mich, konnte aber kaum mein Lachen zurückhalten, als Savina neben mir leise in ironischem Tonfall vor sich herbrabbelte, wie scharf Ferris doch war. Sie kicherte und kugelte sich bald vor Lachen. Savinas Albernheit hatte eines für sich, sie war stets ansteckend. Deshalb konnte ich mich auch bald kaum mehr auf dem Stuhl halten.

»Jimmy!«

Völlig humorfrei war allerdings Hedke. Allein die Art, wie er meinen Namen ausspuckte, machte der versammelten Mannschaft klar, dass er die Eskapade vom Vortag noch nicht verwunden hatte. Ich räusperte mich, klemmte meine grün-schwarzen Fransen hinters Ohr und sah ihn fragend an. Unter dem Tisch trat mir Savina vors Schienbein, wahrscheinlich um mich daran zu erinnern, dass ich heute wohl besser meinen allerhöflichsten Tonfall benutzte. Leider war es schon zu spät.

»Pack deine Sachen und verschwinde.«

»Was?«

»Verschwinde aus meinem Klassenzimmer. Sofort!«

Deutsche Literatur war für mich für dieses Jahr wohl gelaufen. Prima. Ich versuchte gar nicht erst zu diskutieren, das hatte ohnehin keinen Sinn. Während ich meinen Rucksack packte, hörte ich um mich herum das Getuschel und Gekicher meiner Mitschüler, die das alles offenbar äußerst amüsant fanden. Ich knirschte mit den Zähnen und stürmte schließlich an all den Sitzreihen vorbei. Vorn angekommen, überlegte ich kurz, ob ich noch irgendetwas sagen sollte, aber die eiserne Mine Hedkes signalisierte mir, dass ich es besser ließ. Laut schnaubend riss ich die Tür auf, stürmte hinaus und knallte sie so laut wie es nur ging hinter mir zu. Und da wunderten sich die Leute, wenn manche Kids durchdrehten und Amok liefen. Mich persönlich wunderte das kein bisschen. Ich hätte auch gern eine Knarre aus meiner Jackentasche gezogen und alles niedergemetzelt, was sich bewegte. Gott, war ich angepisst. Das war alles so ungerecht. Ich besänftigte meine Wut auf dem Weg durchs Treppenhaus, in dem ich gegen Mülleimer trat, gegen geöffnete Fenster boxte und in mich hinein knurrte. Erst bei dem letzten Fausthieb gegen einen Fensterrahmen im Erdgeschoss spürte ich den stechenden Schmerz in meiner

Hand und das Kitzeln an meinen Fingerspitzen. Ich zog den fingerlosen Handschuh nach unten und sah, was ich angerichtet hatte. Das große Pflaster in meiner Handfläche war tiefrot eingefärbt, weil der Scherbenschnitt aufgeplatzt war und die Wunde wieder angefangen hatte zu bluten. Ach, was war ich doch für ein Glückskind. Schnurstracks steuerte ich die nächstgelegene Toilette an und hielt meine Hand unter den Wasserhahn. Dieser Tag war für mich jetzt schon gelaufen. In feinster Zombie-Manier ließ ich die restlichen Schulstunden über mich ergehen, lächelte mein Fake-Lächeln für Savina, meine Familie und den Rest der Welt, half am Nachmittag Jessica mit all ihren Party-Vorbereitungen und ließ mich am Abend erschöpft an meiner Zimmertür entlang auf den Boden gleiten, nachdem ich den Schlüssel im Schloss gedreht hatte. Ich war so fürchterlich müde. Nicht körperlich. Sondern in meinem Kopf. Ich wollte nichts mehr sehen, nichts mehr hören, nichts mehr spüren. Was zu viel war, war zu viel und meine Grenzen waren offensichtlich erreicht. Ich rappelte mich auf, schlich zu meinem Schreibtisch hinüber, setzte mich auf den Stuhl und blätterte in meinen Schulbüchern herum. Es gab gewisse Personen in meinem Leben, die drauf und dran waren, mir das Genick zu brechen. Diese Chance wollte ich ihnen keinesfalls durch ungemachte Hausaufgaben auf einem Silbertablett präsentieren. Konzentration war allerdings ein Gut, das ich nicht im Überfluss besaß. Ich las Sätze zwei Mal, drei Mal, vier Mal und verstand sie trotzdem nicht. Im Endeffekt kramte ich meinen Walkman aus meinem Rucksack. Mit Musik ging doch irgendwie alles besser. Zumindest das Nichtstun. Versunken in meine Musik, gammelte ich an meinem Schreibtisch herum, kritzelte Belanglosigkeiten auf meinen Block, sortierte Stifte von einer Box zur nächsten, aber hausaufgabentechnisch kam ich trotzdem keinen Deut weiter.

»Gottverfluchte Scheiße!«

Mit einem Wisch fegte ich alle Utensilien vom Tisch und beobachtete genervt, wie all die Kleinteile unter Möbelstücke kullerten. Keine Ahnung, warum mich die gesamte Welt so frustrierte, oder ob ich einfach unzufrieden mit mir selbst war. Vermutlich eine Kombination aus beidem. Ich war ein Fall für ein Anti-Aggressions-Training. Ohne Zweifel. Ich regte mich zu schnell über zu viele Dinge auf. Diese Einsicht nutzte mir in diesem Augenblick aber auch nichts. Ich stand schließlich auf, steckte den Walkman in meine hintere Hosentasche und begann den ganzen Kladderadatsch, den ich vom Tisch gefegt hatte, mit dem Fuß auf einen Haufen zu schieben. Das Problem an aussichtslosen Situationen war, dass man sie immer nur schlimmer machen konnte. Das Problem an mir selbst war, dass mir vollkommen bewusst war, wenn ich mich in ausweglose Situationen manövrierte, es aber nie schaffte, noch die Kurve zu kriegen. Die ausgeleerte Dose Büroklammern war es diesmal, die mich über die Klippe fallen ließ. Ich stand völlig neben mir, konnte mir quasi von außen dabei zusehen, wie ich die Augen schloss und sprang. Resignation unterlag einer Metamorphose, wenn man mich fragte. Zuerst manifestierte sie sich als blassweiße Streifen auf der Haut, um dann nach und nach rote Punkte zu entwickeln und schließlich in dunklen Tropfen davon zu laufen. Anders ausgedrückt hatten Büroklammern unsagbar scharfe Kanten, mit welchen man erheblichen Schaden anrichten konnte. Beim Zusammensammeln meiner Sachen stach ich mir das Ende einer Büroklammer in den Daumen. Ein dummer Zufall, der eine Kettenreaktion auslöste, gegen die ich mich nicht wehren konnte. Ehe ich mich versah, saß ich im schummerigen Öllampenlicht in Unterwäsche in meinem Sarg und ritzte mit einer aufgebogenen Büroklammer lange, tiefe Furchen in meine Oberschenkel. Mir war klar, dass sich das alles nicht gut anfühlen sollte und trotzdem saß ich schon wieder mit diesem dämlichen Lächeln im Gesicht in meinem Sarg und sah den Bluttropfen dabei zu, wie sie sich zu dicken Kugeln sammelten, mein Bein hinunter kullerten und schließlich im Stoff meiner Bettdecke versickerten. Es war erleichternd und frustrierend zugleich. Einerseits nahm das Prickeln und Stechen der frischen Wunden den Druck von meiner Brust und ließ mich kurzzeitig aufatmen. Andererseits waren die roten Striemen auf meinen Beinen der unwiderrufliche Beweis dafür, dass mit mir irgendetwas ordentlich schief lief. Ich ließ meinen Kopf hart gegen die Wand hinter mir fallen und schloss die Augen.

»Das ist alles so krank!«

Ich schmiss die Büroklammer in die nächstbeste Ecke und sprang aus meinem Sarg, nur um rastlos in meinem Zimmer auf und ab zu gehen. Meine Oberschenkel brannten wie Feuer, in meinem Kopf drehte sich alles und die Übelkeit, die mir bereits den ganzen Tag nachhing, flackerte wieder auf. Weil ich mir nicht anders zu helfen wusste, schlüpfte ich schnell in eine Jogginghose und schlich mich aus meinem Zimmer hinaus über den Flur ins Badezimmer. Ich musste gar nicht lange suchen, bis ich das fand, was mich hoffentlich aus meiner Rastlosigkeit erlösen würde. Mit einer Flasche Novalgin in der einen und einem Zahnputzbecher voller Leitungswasser in der anderen Hand wanderte ich leise zurück in mein Zimmer. In meinem Kopf echoten die ermahnenden Worte meiner Mutter, dass die Einzeldosis bei dieser Art von Schmerzmittel bei vierzig Tropfen, und die Tageshöchstdosis bei einhundertzwanzig Tropfen läge, und dass ich damit bloß keinen Unfug anstellen solle. Mein Ziel war es aber, mich für diesen Abend aus dem Leben zu schießen, meinen Körper und vor allem meine Gedanken zu betäuben und so schnell wie möglich einzuschlafen. Ich füllte also die Verschlusskappe mit einer Anzahl von Tropfen, die weit über vierzig lag, leerte im Anschluss den Becher Leitungswasser und stieg wieder in meinen Sarg zurück. Ich pustete die Öllampe aus, zog mir meine Bettdecke über den Kopf und wartete darauf, dass mich die Müdigkeit endlich übermannte und mich in die traumlose Dunkelheit zog.

Am nächsten Morgen schlug ich kaum die Augen auf, da befand ich mich schon auf einem hastigen Sprint über den Flur ins Badezimmer und überraschte meine Schwester mit einem überaus beeindruckenden Rückwärtsessen. Sie stand seelenruhig neben mir und putzte ihre Zähne zu Ende, während ich sämtlichen Mageninhalt in die Toilette spuckte.

»Himmel. Das ist ja eklig. Kannst du damit nicht warten, bis ich fertig bin?«

Meine Schwester war die Pest. Gerne hätte ich ihr einen bissigen Kommentar zurückgegeben, konnte allerdings nur mit einem erneuten Würgen antworten. Ich fühlte mich, als sei gerade ein Zug über mich drübergefahren. Offensichtlich vertrugen sich Schmerzmittel und ein fast nüchterner Magen nicht so hervorragend. Ich hörte Schritte hinter mir und spürte schließlich, wie Jessica meine Haare aus meinem Gesicht fischte und zurück hielt, während ich weiterhin Galle in die Toilettenschüssel spuckte. Als offenbar nichts mehr in meinem Magen übrig war, drückte ich die Spülung und ließ mich von Jessica zurück zu meinem Sarg begleiten. Sie zog die Decke bis zu meiner Nasenspitze hoch und streichelte mir ein paar Mal durchs Haar.

»Schlaf einfach weiter, ich sage Mama und in der Schule Bescheid.«

Dass Jessica mein Zimmer verließ, bekam ich gar nicht mehr mit, ich war längst wieder ins Land der Träume abgetaucht.

Die nächsten Tage verbrachte ich genau so. In meinem Sarg unter der Decke. Ich ernährte mich hauptsächlich von Kamillentee, Zwieback und Schmerztabletten und war schwer damit beschäftigt das Gefühl in meinem Bauch zu bekämpfen, das mir klar und deutlich vermittelte, dass ich eigentlich nicht krank war, sondern tief und fest in einem Stadium der Verleugnung steckte. Das, was an mir nagte und mich jeden Morgen meinen ohnehin fast leeren Magen rebellieren ließ und mich dazu zwang das wenige bisschen Nahrung auf verkehrtem Wege wieder loszuwerden, war kein Bakterium und auch kein Virus, sondern schlichtweg kalte Angst. Selbstverständlich gestand ich mir das nicht ein. Am Donnerstag nicht. Am Freitag nicht. Ich gestand es mir nicht einmal am Samstagabend ein, als ich im Dunkeln in meinem Sarg lag, und versuchte die Musik auszublenden, die von oben vom Wohnzimmer herunter tönte und mich daran erinnerte, dass im oberen Geschoss des Hauses Jessicas Abschiedsparty in vollem Gange war. Die Realität holte mich erst wieder ein, als mich am Sonntagmorgen meine Schwester mit einem vernichtenden Satz weckte.

»Hey Jimmy, wach auf. In drei Stunden muss ich am Flughafen sein.«

Ich grummelte etwas Unverständliches in mich hinein, nickte und wartete, bis Jessica mein Zimmer verlassen hatte. Sie sollte nicht sehen, dass ich blau anlief, weil ich kaum mehr atmen konnte, mein ganzer Körper unter der Anstrengung, nach Luft zu schnappen, zitterte und ich schwitzte, als hätte ich gerade einen Hundert-Meter-Sprint hinter mir. Da war er also. Der Morgen, an dem ich meine Schwester zum Flughafen begleiten und ihr ein unglaublich aufregendes Jahr wünschen würde. Ich schluckte den Brechreiz in meinem Hals hinunter, stand auf und machte mich abfahrbereit. Die nächsten Stunden dieses Tages erlebte ich, als steckte ich in einer Seifenblase. Ich beobachtete mein Umfeld, aber gehörte selbst nicht wirklich dazu. Seltsam war, dass dies keinem auffiel, aber vermutlich steckte an diesem Tag jeder in seinen eigenen traurigen Gedanken. Meine Eltern, meine Schwester und ich fuhren gemeinsam in einem Wagen zum Flughafen. Jessicas zwei beste Freundinnen fuhren mit einem weiteren Wagen hinterher und transportierten die Koffer. Allesamt begleiteten wir sie zum Gateway, durch das wir ohne Flugticket nicht mehr hindurch durften und dort begann die Abschiedszeremonie. Jessica fiel allen in die

Arme. Meine Mutter schluchzte leise vor sich hin, mein Vater versuchte meine Mutter zu beruhigen, auch wenn ihm selbst die Situation nicht ganz einerlei war. Die Freundinnen rissen dumme Witze, um die Stimmung zu heben und ich selbst stand steif neben dran und wusste nichts mit mir anzufangen, bis Jessica zu mir kam und ihre Arme um meinen Hals schlang. Sie drückte mich, presste mir einen fetten Kuss auf die Stirn und lächelte mich breit und mit großen, leuchtenden Augen an.

»Pass auf dich auf, Jimmy. Love you.«

Ich nickte nur leicht. Als Jessica schließlich losließ, ihr Handgepäck unter den Arm klemmte und wild winkend durch den Bodycheck und die Ticketkontrolle lief, flüsterte ich ihr leise hinterher.

»Love you too, Jess.«

Vermutlich hörte sie das nicht, ich hörte es ja nicht einmal selbst. Die Worte, die über meine Lippen rollten, waren weitestgehend tonlos, ich hörte sie lediglich in meinem Kopf widerhallen. Die Fahrt nach Hause war von betretenem Schweigen gezeichnet. Selbstverständlich. Ich war hier schließlich nicht der Einzige, der Jessica ein ganzes Jahr nicht sehen würde. Zuhause tat ich das, was ich am besten konnte. Mich in meinen Sarg verkriechen und in Selbstmitleid schwelgen. Das Unangenehmste war allerdings, dass ich in den letzten Tagen so viel geschlafen hatte, dass ich nun einfach nicht zur Ruhe kommen konnte. Von Rastlosigkeit getrieben, wanderte ich durch mein Zimmer, schaltete den Fernseher an und wieder aus, hörte Musik, klickte mich eine Weile durchs Internet, aber es half alles nichts. Ich fühlte mich so furchtbar leer und wusste nicht, wie ich mir helfen sollte. Irgendwann begann ich damit, ein Gummiband an meinem Handgelenk schnalzen zu lassen. Sobald das Gummi auf meiner Haut aufkam, bekam ich eine Gänsehaut. Ein stechender Schmerz durchfuhr mich und bald zierten Hunderte kleine, rote Flecken meine Handgelenke. Mit jedem Auftreffen des Gummibandes auf meiner Haut wurde mir klarer, dass ich es schon wieder tat. Dass ich schon wieder versuchte, meine innerliche Verzweiflung in körperlichen Schmerzen zu ersticken. Wütend stampfte ich zurück zu meinem Sarg, zog die Decke über meinen Kopf und wartete einfach ab, bis der Schlaf sich erbarmte, auch mich zu holen.

»Himmel, Jimmy. Du siehst aus wie der Tod persönlich!«
»Danke.«
Was sollte ich auch sonst sagen? Savina saß vor der Schule hoch oben auf einem Mauerpfosten, kaute laut schmatzend auf einem Kaugummi herum und musterte mich. Nach wenigen Sekunden stieß sie sich ab, landete vor mir und schlang sofort ihre Arme um meinen Hals.
»Was ist nur los mit dir?«
»Nichts.«
Ich seufzte leise und wand mich aus ihrem Griff.
»Wir müssen rein, Vina.«
Es war nicht einmal gelogen, denn im nächsten Augenblick läutete laut und schrill die Schulglocke.
Erste Stunde. Deutsche Literatur. Winmar Hedke. Es hatte irgendwie etwas von *Und täglich grüßt das Murmeltier*, oder? Nur, dass Bill Murray am Ende neben Rita, seiner großen

Liebe, im Bett aufwachte und der böse Zauber gebrochen war. Ich hingegen nahm eher die Rolle des alten, obdachlosen Mannes ein, der Tag um Tag aufs Neue starb. Allerdings hatte ich an diesem Morgen Hoffnung, denn Valentin hatte Geburtstag. Meine Klasse verfolgte mit großer Begeisterung ein Geburtstagsritual, das wie folgt vonstattenging: Das Geburtstagskind besorgte den Kuchen, der Klassenlehrer besorgte den Kaffee und die erste der Doppelstunde wurde schlichtweg gegammelt. Da konnte nicht so viel danebengehen. Richtig? Ich setzte mich also an meinen angestammten Platz in die letzte Reihe, zog die Kapuze meines Pullovers tief in mein Gesicht und rührte schweigend mit einem abgeschnittenen Strohhalm in meinem Kaffeebecher. Um mich herum aßen alle Schokokuchen, lachten und redeten querbeet durcheinander. Savina tratschte lauthals mit ihren Sitznachbarinnen über die neuesten Gerüchte, die durch die Gänge getragen wurden, und ließ mich zur Abwechslung mal in Ruhe. Sogar Hedke blätterte gelassen in einer Tageszeitung, blickte ab und an über seinen Brillenrand, um uns an die Einhaltung von Lautstärkegrenzen zu erinnern, ließ uns aber sonst völligen Freiraum. Kurz vor Ende der ersten Stunde, ermahnte er uns schließlich zum Ende zu kommen, die Tische abzuwischen und langsam aber sicher die Schulbücher rauszuholen. Ich selbst hatte nichts, was ich abwischen musste, schließlich hatte ich dankend auf Kuchen verzichtet. Ich traute meinem Magen nicht. Valentin hingegen hatte die größte Sauerei des Jahrhunderts vor sich verbreitet. Um mich herum wuselten die Leute mit leeren Kaffeebechern und feuchten Servietten hin und her, während ich den Kopf auf meinen verschränkten Armen ablegte und einfach abwartete, bis der Tumult vorüber war. Im Augenwinkel nahm ich wahr, wie Valentin den vor sich auf dem Tisch verteilten Puderzucker mit einer Videothek-Kundenkarte auf ein schmales, längliches Häufchen zusammenschob. Ich verdrehte die Augen und konnte mir einen leisen Kommentar einfach nicht verkneifen.

»Zieh dir den Scheiß doch gleich durch die Nase.«

Eigentlich dachte ich, dass ich superleise war. Höchstens hätte ich damit gerechnet, dass Savina neben mir den Kommentar hören konnte, aber keinesfalls der Rest der Klasse. Vielleicht hatten sie es gehört, vielleicht entsprang der Gedanke aber auch ganz alleine Valentins krankem Hirn. Was auch immer es gewesen war. Jedenfalls fischte er seinen Strohhalm aus dem Kaffeebecher und tat genau das, was ich so ironisch in den Raum geworfen hatte. Ich hörte ein kurzes, scharfes Geräusch und schon war die Puderzucker-Line verschwunden. Auf direktem Wege durch Valentins Nase in sein Gehirn.

»Ah! Scheiße, ist das widerlich!«

Valentin fluchte und rieb mit beiden Händen fest über seinen Nasenrücken. Was auch immer passierte, wenn man tatsächlich so dämlich war und sich Puderzucker durch die Nase zog. Es war weder so schlimm, dass man den Notarzt rufen musste noch sonderlich angenehm, Valentins Verhalten nach zu urteilen. Alle Augen waren auf ihn und sein Herumgehüpfe gerichtet. Einige lachten sich halb schlapp, andere starrten Valentin einfach fassungslos an. Mit Hedkes Reaktion hatte aber wohl keiner der Anwesenden gerechnet.

»Jimmy! Verschwinde! Sofort!«

Was um alles in der Welt ging hier ab? Ich konnte nicht anders. Mit heruntergeklappter Kinnlade stierte ich Hedke fassungslos an. Übrigens war ich da nicht der Einzige. Fast die ganze Klasse tat es mir nach. Ich schnappte nach Luft und quietschte einige Oktaven höher als gewöhnlich.

»Was?«

Hedke deutete in einer fließenden Bewegung auf Valentin, mich und dann die Klassenzimmertür. Das durfte doch nicht wahr sein. Er machte doch nicht ernsthaft mich für Valentins dämliches Verhalten verantwortlich?

»Ich dulde diese ständigen Unruhestiftungen nicht länger. Raus!«

Offensichtlich tat er es doch. Der Moment, in dem ich dies realisierte, war auch gleichzeitig der Moment, in dem bei mir alle Sicherungen durchbrannten. Ich qualmte vor Wut, da war ich mir sicher. Savina streichelte mir unterm Tisch sachte übers Knie, aber das machte mich nur noch rasender. Das war doch alles ein einziger großer Witz. Mit zusammengebissenen Zähnen sprang ich von meinem Platz auf und stieß meinen Stuhl um, während ich mir meinen Rucksack über die Schulter schmiss. Der Stuhl schepperte laut auf dem Boden, aber ich dachte gar nicht daran, ihn wieder aufzuheben. Geladen wie eine Neutronenbombe stürmte ich nach vorn zu Hedke und fegte mit einer zielgerichteten Handbewegung seinen Kaffeebecher vom Tisch. Die braune Flüssigkeit verteilte sich auf seinem schneeweißen Hemd und verbrannte ihn hoffentlich ordentlich. Ich stand vor ihm, während er hektisch über sein Hemd wischte, und hätte ihm am liebsten mitten ins Gesicht gespuckt, aber das verkniff ich mir gerade so. Stattdessen stürmte ich weiter in Richtung Klassenzimmertür, trat auf diesem Weg den Mülleimer um, und stieß schließlich mit einem heftigen Ruck die Tür auf. Ein letztes Mal drehte ich mich zu Hedke um, und sah ihm in seine arroganten, babyblauen Augen. Ich biss mir auf die Lippe, bis ich den metallischen Geschmack von Blut im Mund hatte, und traf eine letzte, schlechte Entscheidung. Ich hätte einfach gehen können. Vielleicht. Es wäre eine Option gewesen. Stattdessen lieferte ich Hedke den letzten Grund, um mich in diesem Jahr tatsächlich durchfallen lassen zu können.

»Fuck! You! I hope you fuckin' die!«

Während ich auf dem Absatz kehrt machte und aus der Schule stürmte, herrschte im Klassenzimmer Totenstille. In meinen Ohren rauschte lautstark mein Puls, weshalb ich nicht bemerkte, dass Savina offensichtlich nicht wie alle anderen in Schockstarre verfallen war, sondern, entgegen ihres besseren Wissens, das Klassenzimmer verlassen hatte und mir folgte. Ich rannte ohne Ziel durch die Straßen. Wo sollte ich auch hin? Nach Hause, um gleich den nächsten Streit vom Zaun zu brechen? Ohne Rückendeckung meiner Schwester? Niemals. Letztlich endete ich auf den vereinsamten Gleisen des stillgelegten Güterbahnhofes. Erschöpft ließ ich mich einfach zwischen verrosteten Gleisen und Brennnesseln in den Dreck fallen, stützte meinen Kopf in meine Handflächen und rang nach Atem. Aus mehreren Gründen. Einmal, weil ich eine lange Strecke gerannt war und weiterhin, weil ich mich innerlich so schrecklich aufregte. Meine Wangen glühten, Schweiß brannte in meinen Augen und das abgehackte, kehlige, kratzige Geräusch, das meine Lunge beim Einatmen machte, klang sogar in meinen Ohren erschreckend. Neben mir knirschten Sand und Kies. Im Augenwinkel nahm ich ein Paar gelbkarierte Turnschuhe wahr, die nur Savina gehören konnten. Das erkannte ich an den Herzen und Sternen, die sie mit einem Edding auf die Seiten gemalt hatte. Sie kniete sich neben mich und schlang ihre Arme um meine Schultern.

»Oh Gott, Jimmy. Ganz ruhig. Okay? Du musst langsam atmen.«

Ich schüttelte vehement den Kopf. Ich wollte mich nicht beruhigen. Ich konnte mich nicht beruhigen. Das war alles eine Nummer zu groß für mich. Wieso um alles in der Welt stand ich in ständigem Kugelhagel? Welche ach so schlimme Sünde hatte ich begangen, dass ich das verdiente? Ich verstand die Welt nicht mehr und hatte einfach keine Kraft, um alledem zu trotzen. Vor Savinas Augen zerfiel ich in eine Milliarde kleine Scherben, die sie niemals würde kitten können.

***

Sie war nicht da!

An diesem Morgen auf dem stillgelegten Güterbahnhof war es Savina, die neben mir saß, meinen Rücken streichelte, mir beim Schluchzen zuhörte und keinen blassen Schimmer hatte, wieso ich völlig am Ende war. Es hätte meine Schwester sein sollen. Und die Gewissheit, dass Jessica die einzige Person war, die mich hätte auffangen können, tat weh. Savina erfuhr nichts. Weder an diesem Tag noch an einem anderen. Ich erzählte ihr nicht, dass ich um den Verlust meiner Schwester weinte und ich erzählte ihr erst recht nicht, dass ich auf diesen Verlust mit selbstverletzendem Verhalten reagierte. Ich flehte nicht um Hilfe und ich gab auch keine versteckten Hinweise. An diesem Tag wartete ich nur, bis alle Tränen vergossen waren, und hüllte mich anschließend in Schweigen.

Kapitel 4

Reden ist Silber. Schweigen ist Gold. Und manchmal sind Geheimnisse auch nur deshalb so gut gehütet, weil sie entfesselt und ungehalten das Grauen an die Oberfläche brächten, das tief in jedem Einzelnen von uns schlummert.

Ich glaube nicht an Schicksal, ich glaube nicht an Glück, aber ich glaube auch nicht an Zufälle.

* * *

Savina plapperte unaufhörlich auf mich ein und ich spuckte desinteressiert abgefressene Stückchen meines schwarzen Nagellacks vor mir auf die regennasse Straße. Ich wollte mich weder mit meiner Migräne noch mit meinem höchstpersönlichen Anstands-Wauwau befassen, der seit Monaten nicht einen Schritt von meiner Seite wich. Bei beiden Angelegenheiten war ich nicht sonderlich erfolgreich. Savina begann mich zu bemuttern, als Jessica das Land verließ, und hörte auch dann nicht wieder damit auf, als meine Schwester längst wieder zu Hause war.

Ich hatte am Ende des letzten Schuljahres meinen Deutsch-Kurs geschmissen. Hedke und ich waren ganz und gar nicht kompatibel, sondern eher eine höchst explosive Mischung. Savina behauptete, die Schulleitung habe Angst, ich könne ein Bowling-for-Columbine-Revival veranstalten, nur deshalb habe man mir den Kurswechsel erlaubt. Ich persönlich glaubte, diese Angst hatte eher Savina selbst. Da sie nun aber nicht mehr rund um die Uhr mit mir zusammen war, packte sie all die Worte, die sonst an einem Vormittag aus ihrem ach so hübschen Mund purzelten, in zwei viertelstündige Pausen, die wir zusammen verbrachten.

Statement: Sie machte mich wahnsinnig!

Ich kramte meinen Walkman aus meiner Jackentasche, klappte meinen Kragen nach oben und drückte auf Play. Wenige Wochen zuvor hätte das Manöver vermutlich hervorragend geklappt. Seit meine Haare auf der linken Seite kurz geschnitten und feuermelderrot gefärbt waren, fielen Kopfhörer natürlich auf. Savina boxte mir so fest gegen die Schulter, dass ich rückwärts von dem Mauervorsprung purzelte, auf dem ich saß, auf dem Rücken in einer Pfütze landete und mir ordentlich den Hinterkopf auf dem Asphalt aufschlug. Ich sah eine ganze Galaxie von Sternen inklusive der Milchstraße. Angeekelt wischte ich mir den Dreck aus dem Gesicht. Ich wollte gar nicht wissen, wie viele Hunde in diese Pfütze gepinkelt hatten. Ekelhaft. Zu allem Überfluss fuchtelte Savina auch noch mit ihrem Zeigefinger vor meinen Augen herum, um zu testen, ob ich möglicherweise eine Gehirnerschütterung erlitten hatte. Hätte sie wohl gern. Bitch. Auch wenn ich mich bezüglich meiner verkorksten Psyche bereits als Pansy-Pussi geoutet hatte, hieß das ja noch lange nicht, dass ich bei einem Sturz gleich auseinanderbrechen würde. Und selbst wenn, war ich zu wütend, um es zu merken.

»Nimm deine verdammten Finger von mir!«

»Ich habe doch schon Entschuldigung gesagt.«

»Das macht es nicht besser. Hör. Endlich. Auf.«

In meinen Handflächen steckte eine gefühlte Tonne Straßensplitt. In meinem Hinterkopf vermutlich auch. Kein bisschen Migräne-verträglich. Ich wischte die Hände an meiner Hose ab, während ich mich aufrappelte und in mich hinein knurrte. In meiner rechten Jackentasche suchte und fand ich meine Zigaretten, in meiner linken ein Feuerzeug, das definitiv nicht meins war. Da waren Einhörner drauf! Tonlos steckte ich mir die Zigarette in den Mundwinkel und lief ebenso tonlos davon.

»Sogar Jess kann dich gerade nicht ausstehen, Jimmy. Und sie hat verdammt noch mal recht. Sie checkt die Gründe vielleicht nicht. Ich schon!«

Ich schaute kurz über meine Schulter und zeigte ihr den Mittelfinger.

»Das nächste Mal, dass ich dich frage, ob es dir gut geht, ist erst, wenn du wieder nüchtern bist!«

Diese dreckige Bemerkung hatte nicht einmal meinen Mittelfinger verdient. Sie schnürte mir zugegebener Maßen die Kehle zu, aber ich hatte bereits vor einiger Zeit beschlossen lieber zu schweigen, als mich irgendwelchen bemitleidenden Blicken auszusetzen. Sagen wir, ich hatte das letzte Jahr überlebt. Und wofür? Dafür, dass meine Schwester endlich nach Hause gekommen und nicht mehr dieselbe war. Das war zumindest das, was ich ihr Tag ein, Tag aus vorwarf und sie langsam aber sicher die Geduld mit mir verlor.

Till schüttelte mir die Hand.

»Yo man!«

»Yo.«

Yo man? Was war das denn? Wer sagte denn sowas? Till stand inmitten einer Gruppe ziemlich heruntergekommener Gestalten, die ich zu diesem Zeitpunkt meine Freunde schimpfte. Katha klebte mit ihren Lippen förmlich an Jules Hals und hinterließ dabei eine zinnoberrote Lippenstiftspur auf seiner Haut. Und auf seinem Hemd. Präziser, auf seinem Schiesser-Feinripp-Wifebeater, den er scheinbar täglich und bei jedem Wetter trug und niemals wusch. Er war ein äußerst schmieriger Kerl. Schon allein bei dem Gedanken, ihm die Hand geben zu müssen, stieg mir die Galle in den Hals. Kathas Beweggründe waren mir unerklärlich. Vielleicht bekam man aber einen anderen Blick auf Dinge, wenn man seinen Dealer datete. Das Zinnoberrot würde ihr aber auf jeden Fall die nächste Ohrfeige einhandeln. Kranker Scheiß. Becki, Andi und Flo stritten sich lauthals über den Ekel-Grad einer Hausgeburt. Das taten sie fast täglich, seit Becki derart kugelrund geworden war, dass sich ihre Schwangerschaft schlicht nicht mehr leugnen ließ. Der Streit würde mit Sicherheit auch noch anhalten, bis schließlich die Vaterschaft geklärt war. Andi oder Flo. Oder der Heilige Geist. Wer wusste das schon? Till riss mich aus meinen Gedanken, in dem er mir etwas in meine Jackentasche steckte.

»Till. Ich hab keine Kohle.«

»Ist ja auch nicht für dich. Bring es einfach heute Abend mit, okay?«

Hatte der Himmel sich vielleicht bald mal ausgeregnet? Die Fahrt zu Becki gestaltete sich schwieriger als erwartet, denn es schüttete wie aus Kannen. Die Scheibenwischer meines Autos hatten alle Mühe die Wassermassen zu beseitigen und über Schlamm und Matsch rutschten die Reifen geradewegs weg. Dazu kam der Nebel, der innerhalb der Waldstücke, die ich durchqueren musste, dicht über dem Boden hingen und höchstens eine Sichtweite von ein paar Meter zuließen. Als ich schließlich in die richtige Straße einbog, parkten dort bereits eine ganze Menge Autos. Nicht alle konnte ich Freunden oder Bekannten zuordnen. Mein Handy vibrierte in meiner Hosentasche und der anschließende Blick auf die ID verriet mir, dass Savina mir eine SMS geschickt hatte. *Fahr heim!* Das stand drin. Fahr heim. Ende. Na klar, Savina. Was ging es dich eigentlich an, wo ich war und was ich machte? Der Zug, der möglicherweise nett gemeinte Fürsorge geladen hatte, war doch schon vor langer Zeit abgefahren. Ich löschte die SMS und sprintete durch den Regen zur Haustür. Bereits durch die geschlossene Tür drangen Musik und Stimmengewirr. Da auf mein Klopfen keiner reagierte, klingelte ich mit dem Handy bei Becki durch und schon polterte jemand die Treppe hinunter. Till öffnete die Tür.

»Yo man.«

»Yo.«

Ich wiederholte mich ungern. Aber! Was zum Teufel? Es war eines dieser typischen Häuser, die Anfang der 70er Jahre gebaut wurden. Viel Orange, viel Grün, viel Holz. Auf der unteren Ebene wohnte Beckis Mutter und von Zeit zu Zeit ihr Bruder. Eine gewundene Holztreppe in Eiche rustikal führte in den oberen Stock. Dort wohnte Becki. Und zurzeit Andi. Oder war es doch Flo? Auch das wusste wieder nur der Heilige Geist. Ich folgte Till die Treppe hinauf. Till deutete auf das Schwein, das über den Flur lief.

»Bin ich schon so dicht, oder ist das echt?«

»Das ist echt.«

Ich klang überzeugend. Sicher war ich mir aber keineswegs. Wo kam dieses verdammte Schwein her? Und wo wollte es hin? Die großen Fragen der Menschheit ... Schweinheit ... Am Ende der Treppe auf der linken Seite befand sich das Wohnzimmer. Direkt dahinter war das Schlafzimmer und gerade aus befand sich die Küche. Rechts von der Treppe war das Bad. Das Schwein kam aus dem Bad und lief ins Wohnzimmer. Rätsel gelöst.

Auf dem Weg ins Wohnzimmer bekam ich von einer mir unbekannten Person eine Flasche Bier und von Till einen Joint in die Hand gedrückt. Ob sich das mit den Tabletten, die ich gegen meine Migräne schluckte, vertrug, wusste ich nicht, aber das würde der Abend schon zeigen. Für den Anblick, der sich mir im Wohnzimmer bot, war ich allerdings eindeutig viel zu nüchtern. Insofern überlegte ich gar nicht lange, sondern kippte das halbe Bier auf einen Zug in mich hinein. Auf der Couch hingen einige halbseidene Gestalten. Manche kannte ich, manche nicht. Aber die Person, die ich am besten kannte, lag ohne Oberbekleidung bäuchlings auf der Couch und ließ sich von ihrem Freund-Zuhälter-Dealer mit einer Rasierklinge ein gigantisches Gemälde in den Rücken ritzen.

»Jimmy! Komm rüber. Guck mal!«

»Ich habe nichts im Magen, was ich auskotzen könnte, Katha. Ich will das gar nicht sehen.«

»Was denn?«

»Entschuldige mal! Du blutest wie ein Schwein.«

Das Wort Schwein schien die ganze Kompanie zu triggern und in einen Lachflash zu versetzen. Hier waren wohl alle schon ganz gut am Limit, was berauschende Substanzen anging. Erst als er mir grob in die Seite stieß, merkte ich, dass Till in meinen Jackentaschen kramte. Ich stierte ihn genervt an und zerrte das Tütchen aus meiner Hosentasche. Er kippte ein Häufchen weißen Staubs auf den Wohnzimmertisch und reichte mir einen Strohhalm.

»Was ist das?«

Till seufzte.

»Puderzucker.«

Schon wieder lachte die ganze Meute. Die Eskapade aus dem Deutschunterricht im vorigen Jahr hatte wohl wirklich die Runde gemacht. Ich schüttelte den Kopf und steckte mir eine Zigarette an. Mit dem Einhornfeuerzeug.

»Später.«

Draußen vor dem Fenster war es stockfinster. Lediglich der Schimmer der einsamen Straßenlaterne legte Zeugnis darüber ab, dass die Welt noch existierte und wir nicht in einem dunklen, leeren Loch versackt waren. Ich stolperte über ein paar Beine und Füße hinweg hinaus in den Flur, wo mir wieder das Schwein begegnete. Diesmal musste ich es streicheln. Ich traute meinem Verstand nicht einen Meter über den Weg. Das Schwein war definitiv echt. Es sabberte und kaute an meinem Schnürsenkel. Kranker Scheiß. Die Schlafzimmertür quietschte und knarzte. Dann schlug die Klinke fest gegen die Wand und hinterließ dort eine hässliche, tiefe Macke. Irgendjemand würde sich am nächsten Morgen ganz und gar nicht darüber freuen. Herausgestolpert kam Sophia. Ein sehr quirliges, buntes Mädchen, das ich aus einem meiner neuen Kurse kannte. Sie wischte ihre Locken aus dem Gesicht und sah mich kurz orientierungslos an. Die Augen rot umrandet und mit riesigen schwarzen Pupillen. Dann kicherte sie laut und fiel mir um den Hals. Mir blieb der Qualm quer im Rachen stecken, als sie mir in den Hals biss und saugte. Was sollte das? Auf der anderen Seite ...

»Ach ... fuck it!«

Mit einem weiteren Zug war die Zigarette zu Ende geraucht, die Kippe achtlos auf den Boden geworfen und das Bier in einem Atemzug hinterher gekippt. Die Antwort auf die Frage, ob sich Migränetabletten mit Alkohol und Gras vertrugen, war nein. Anders konnte ich mir die Beklemmung in meinem Brustkorb und den Schwindel nicht erklären. Aber Sophia hielt mich aufrecht. Wie auch immer sie das managte, da sicher einige nicht körpereigene Substanzen durch ihre Blutbahn schwammen. Wir stolperten gemeinsam zurück ins Wohnzimmer, wo sie mich auf die Couch schob, sich ganz ungeniert auf meinem Schoß platzierte und mir ihre Zunge in den Hals und die Finger sonst wohin schob. Im Augenwinkel bemerkte ich wiederum Katha und ihren blutenden Baum der Unschuld auf dem Rücken. Würg. Aber das verkniff ich mir. Jules schien ganz in seine Ritzkunst vertieft und irgendwo am anderen Ende des Raumes hörte ich jemanden durch die Zähne pfeifen. Ob das mir und Sophia galt, die gerade Tills Puderzuckerhäufchen vom Tisch aufklaubte und mir dann ihre Finger in den Mund schob, wusste ich nicht. Es war mir auch ziemlich egal. Jemand hatte mir vor einer Weile einen kurzen Moment Stille und Ruhe mit einer kleinen Pille mit einem Krönchen-Aufdruck verschafft. Vermutlich war zu Tills Puderzucker nicht so viel Unterschied. Ich erwischte mich dabei, dass meine Gedanken immer wieder abdrifteten und sich um unbequeme Dinge schlangen, wie beispielsweise mein schlechtes Gewissen Savina gegenüber. Oder das meiner Schwester gegenüber. Oder auch dabei, dass ich nachgrübelte, wieso hier dieses Schwein rumlief.

Stille war friedvoll und heilsam und packte einen behutsam in Watte. Die Abwesenheit von Geräuschen, diese Sekunden, in denen jeder scheinbar zur Salzsäule erstarrte und sogar das Atmen einstellte, diese Art von Stille brachte allerdings selten Gutes mit sich. Selbst durch meinen benebelten Geist hindurch drang diese unheimliche Stille. Greifen konnte ich sie allerdings nicht. Erst Kathas erschrockener Blick ließ mich aufmerksamer werden. Unachtsam schob ich Sophia von mir und knöpfte meine Jeans zu. Ein langer Schatten fiel auf mein Gesicht, und als ich auf und in Johns wirre Augen blickte, wurde mir einiges klar.

John hatte seine ganz eigene Geschichte. Keine Schillernde und Glitzernde, um das vorwegzunehmen. John war nicht immer John. Manchmal war er auch Joe oder ab und an sogar Jim. Letzteres irritierte mich natürlich immens. Das noch weitaus Irritierendere war, dass die gruseligste Gestalt der echte John selbst war. Obwohl. Nur John hatte tatsächlich erlebt, was er nun mal erlebt hatte. Und vermutlich war ein psychischer Schaden das Mindeste, was man davon trug, wenn man mit ansehen musste, wie die eigene Freundin erschossen wurde. Wahrscheinlich hätte ich an seiner Stelle weitaus mehr als zwei zusätzliche Persönlichkeiten entwickelt. Insofern hielt sich John eigentlich ganz wacker. Menschen starben. Ende. Aber das hatten wir ja schon. Und Verbrechen geschahen nicht ausschließlich in den finstern Gassen der Großstädte dieser Welt. Manchmal passierten sie auch in einer Dorfdisco. Auch auf dem Lande traf es dabei meistens die Falschen. Ich wusste nicht viel über diese Angelegenheit. Als Johns Freundin vor unserer Dorfdisco vom Türsteher erschossen wurde, waren Becki, also Johns Schwester, ich, und somit auch alle an diesem Abend Anwesenden, noch sehr klein. Man konnte fast sagen, dass es für uns lediglich eine dieser typischen Horrorgeschichten war, die man sich als Teenager am Lagerfeuer erzählte. Ein Gerücht. Eines mit einem wahren Kern, aber eben gefühlt nur ein Gerücht. Doch dieses Gerücht bekam an diesem Abend auf Beckis Party für uns alle ein Gesicht. Und dieses schaute ganz und gar nicht freundlich.

Beckis merkwürdiger Bruder baute sich mit verschränkten Armen vor mir auf. Er trug eine grüne Cordhose und einen

Strickpullover, die Ärmel bis zu den Ellenbogen hochgeschoben. Seine zotteligen Straßenköter-blonden Haare klebten ihm strähnig im Gesicht und die Tatsache, dass er ein blaues und ein braunes Auge hatte, machte mich irre. Okay, das war gelogen. Heterochromie hätte aber einfach zu perfekt ins Bild gepasst. Seine Augen waren schlicht und einfach braun. Irre machte mich sein glasiger Blick trotzdem. Kurt Cobain brüllte förmlich durch die Lautsprecher. Allerdings nicht, weil jemand die Musik lauter gedreht hätte, sondern weil, abgesehen von der Musik, völlige Stille herrschte. Sophia war auf die andere Seite des Raumes geflüchtet, Katha und Jules kauerten sich hinter mir auf der Couch zusammen und ein paar andere Gestalten, die ich gar nicht namentlich kannte, schlichen leise und heimlich außer Reichweite. John starrte mich schweigend an. Mit einem Blick, der nicht von dieser Welt war. Und diesmal lag es nicht an der unüberschaubaren Mischung Drogen, die mir meinen Kopf vernebelte. Warum immer ich? Konnte er nicht einfach jemand anderen anstarren? Fuck my life! Wahrscheinlich lag es an meinen leuchtenden Haaren. Oder es war schlichtweg mieses Karma. Wie dem auch sei. Ich stand in Johns Fokus und ich musste irgendetwas tun. Oder auch besser nicht, Beckis alarmiertem Blick nach zu urteilen, den sie mir quer durch den Raum zuwarf. Der Herr der Wahnsinnigen und Durchgeknallten löste seine verschränkte Haltung und hielt mir eine zittrige Hand direkt vor die Nase. Umklammert hielt er ein zierliches Goldkettchen mit einem Kreuzanhänger, der trotz des düsteren Lichts schimmerte und mich blendete. Vermutlich lag das aber eher an der Nähe und der Tatsache, dass ich fast schon schielen musste, um den Anhänger zu fokussieren. Was wollte er von mir? Und was sollte mir dieses Kettchen sagen? Und überhaupt! Was sollte dieser kranke Scheiß?! Wahrscheinlich schaute ich vollkommen vertrottelt aus der Wäsche und noch viel wahrscheinlicher klebte zu allem Überfluss auf meinen Lippen Sophias pinkfarbiger Lippenstift, was die ganze Angelegenheit noch um ein Vielfaches kurioser machte. Ich traute mich, verdammt noch mal, nicht, dieses Zeug aus meinem Gesicht zu wischen. Oder mich zu bewegen. Oder zu atmen. Der schneeweiße Puderzucker, den ich von Sophias Fingern geleckt hatte, half da nun auch nicht weiter. Er machte es mir nur noch eine Ecke schwerer, mich zu konzentrieren. John nickte leicht mit seinem Kopf in meine Richtung. Selbstverständlich ohne seinen starren Blick von mir abzuwenden. Was sollte ich daraus jetzt ableiten? Hübsche Kette, oder? Halt mal kurz? Ich wusste es nicht. Aber in meiner Verwirrung fiel mir natürlich nichts Dämlicheres ein, als meine Hand auszustrecken.

»Wenn du mich anfasst, bist du tot!«

Alles Roger! Ist das so? Welch erfreuliche Nachricht. Mein Hirn war scheinbar in einen Verteidigungsmodus übergegangen, der ausschließlich mit Ironie und Zynismus arbeitete. Tatsächlich hatte ich die Hosen gestrichen voll. Aber hallo! Was sollte dieser kranke Mist und warum, zum Teufel, fuchtelte er nach wie vor mit dieser verdammten Kette so dicht vor meiner Nase herum, wenn er offensichtlich ein Problem mit körperlichem Kontakt hatte? John zog seine Hand zurück und ich wischte mir bei dieser Gelegenheit Sophias Lippenstift aus dem Gesicht. Kaum hatte ich diese merkwürdigen, schwarzen Punkte, die nur mit übermäßigem Stress zu erklären waren, weggeblinzelt, reckte mir John schon wieder seine Kette ins Gesicht. Der wollte mich doch verarschen. Depp! Der Depp war am Ende natürlich mal wieder ich, aber ich und mein benebelter Geist rafften das natürlich nicht rechtzeitig. Im Gegenteil. Mein dämlicher Geist ließ sich geradezu bereitwillig provozieren.

»Na? Willst du sterben?«

Der Typ hatte einen Schaden. Alle seine drei Persönlichkeiten hatten eindeutig nicht mehr alle Latten am Zaun. Jetzt reichte es! Ich beugte mich nach vorn und umschloss Johns Arm mit meiner mit Lippenstift verklebten Hand. Schlechte Entscheidung!

Als ich wieder zu mir kam, saß ich nicht mehr im Wohnzimmer auf der Couch, sondern lag in Beckis Bett. Der perfekte Ort, um sich winselnd zusammenzurollen und jämmerliche Geräusche von sich zu geben, die in halbwegs normalem Zustand ein Stöhnen hätten sein können. John hatte mir mit einem gezielten Schlag gegen die Schläfe alle Lichter ausgeknipst und offenbar auch noch nachgetreten. So fühlten sich zumindest meine Rippen an.

»Jimmy?«

Becki flüsterte nur. Trotzdem fühlte sich mein Kopf an, als wollte er in eine Million kleine Teile zerspringen.

»Er hat gesagt, ich würde sterben. Das hier ist schlimmer! Gottverdammte Scheiße!«

Ich war ein Waschlappen. Aber alter Schwede ... mir tat einfach alles weh. Becki drückte ein kaltes, feuchtes Handtuch auf meine Stirn und murmelte etwas, das verdächtig nach *Das gibt ein hübsches Veilchen ... vielleicht sollte man das nähen lassen? ... Gehirnerschütterung oder Rippen angeknackst* klang. Mit wem unterhielt sie sich da? Ich schnappte nach Luft, aber ich war einfach nicht fähig, mich mit der Realität zu befassen. Vorsichtig tastete ich über die geschwollene Stelle neben meinem Auge. Sie brannte wie Feuer. Eher wie ein ganzer Waldbrand. Das Rot, das an meinen Fingern klebte, war diesmal kein Lippenstift, sondern schleimiges, halb geronnenes Blut. Na hervorragend. Wütend knurrte ich in mich hinein. Wo war dieser Idiot? Ich wollte ihm gerne den Hals umdrehen. Doch Becki hinderte mich daran, meine miesen Pläne in die Tat umzusetzen. Sie drückte mich mühelos zurück in die Kissen.

»Bleib bitte noch eine Weile liegen. Ich verspreche dir, ich wecke dich in einer Stunde. Wenn du meinem Bruder dann immer noch ans Bein pissen willst, werde ich dich nicht aufhalten. Deal?«

War mir alles schon wieder egal, ehrlich gesagt.

»Hast du Schmerztabletten?«

»Jimmy, du solltest vielleicht nicht ...«

»Lass stecken, Becki! Hast du, oder hast du nicht?«

Das kotzte mich an! Was dachten denn immer alle? Ich konnte meine Entscheidungen ganz gut alleine treffen. Was nicht gleichzusetzen war mit *Gute Entscheidungen*, aber treffen konnte ich welche. Jules drängte sich an Becki vorbei, reichte mir ein Glas Wasser und eine Aspirin und meckerte Becki an, sie solle nicht den Moralapostel spielen. Ich würgte die Tablette hinunter und rollte mich zu einem Häufchen

Elend zusammen.

Als ich das nächste Mal aufwachte, ging es mir zwar kein bisschen besser, aber ich wollte auf keinen Fall in Beckis Bett versauern. Also hievte ich meine Beine über den Bettrand und trat auf das Schwein. Verdammtes Schwein! Es quietschte schrill und schickte dadurch einen stechenden Schmerz erst durch meinen Kopf und dann, weil ich vor Schreck zusammenzuckte, auch durch meine Rippen.

»Okay Schwein! Jetzt sind wir quitt!«

Ich seufzte. Es war bestimmt nicht gut, dass ich mit einem Schwein sprach. Wenigstens war ich mir halbwegs sicher, dass es existierte. Ich schlich langsam und in gekrümmter Haltung über den Flur und linste ins Wohnzimmer. John war weg. Gut so. Noch eine Klatsche dieser Art und Güte hätte ich sicherlich nicht überlebt.

Es gab selten verstörendere Szenen in meinem Leben. Ein Großteil der Partygäste saß im Wohnzimmer auf dem Fußboden. Alle im Schneidersitz im Kreis. Alle drei Sekunden wechselte ein rohes, glitschiges Stück Fleisch den Besitzer.

»Ich bin Vegetarier! Nimm es weg!«

»Du wolltest doch sehen, wie es mumifiziert.«

»Sehen! Nicht fühlen!«

Schon wieder flog das Fleisch in hohem Bogen durch die Luft. Ich kam nicht umhin zu hoffen, dass es sich hier um ein Stück Rindfleisch handelte. Dem Schwein gegenüber wäre das sonst wirklich pietätlos gewesen. Aber mal ehrlich. Was um alles in der Welt sollte das? Ich lehnte mich schwerfällig gegen den Türrahmen. Mein Kopf fuhr gerade Achterbahn.

Sophia bemerkte mich und brach den Kreis. Sie reichte mir ein Glas, von dem ich dämlicherweise ausging, dass es Wasser enthielt, und kippte mir tatsächlich einen gefühlten Liter Wodka in den Rachen. Husten war definitiv nicht gut für meine angeschlagenen Rippen. Völlig unbeeindruckt schob sie mich durch den Raum, rüber zum Hexenzirkel des rohen Fleisches und drückte mich auf den Boden. Kaum dass ich saß, hatte sie ihr Finger schon wieder überall nur nicht bei sich selbst. Abgelenkt wurde ich allerdings hauptsächlich von Andis und Flos lautstarkem Gezeter und Beckis kläglichen Versuchen den Streit zu schlichten.

»Frag Jimmy. Der weiß sowas.«

Till rückte auf den Platz neben mir, schubste Sophia grob beiseite und schob mir, im Austausch für Sophias Zunge, einen Joint zwischen die Lippen.

»Yo man. Alles fit?«

»Geht so.«

Er zog schnell selbst am Joint und gab ihn mir wieder zurück.

»Kennst du die Freimaurer?«

»Nicht persönlich.«

Till kugelte sich vor Lachen. Was hatte ich gesagt?

»Wir wollen eine Cheopspyramide bauen und das Fleisch mumifizieren.«

»Aha.«

»Du bist der Schlaue hier. Wie baut man eine maßstabsgetreue Pyramide?«

Ich zuckte mit den Schultern und Till zog seine Augenbrauen in die Höhe.

»Naja. Du googelst die Maße und rechnest es halt runter.«

Die Damen der Runde quietschten vor Freude und die Herren versammelten sich vor Beckis Computer.

»Jimmy? Was ist eine Königselle?«

»Eine Maßeinheit? Woher soll ich das denn wissen?«

»Du bist clever. Du musst sowas wissen. Warte, ich google das neu.«

Mein Kopf war zu angematscht, um diesen Schwachsinn zu verstehen. Offenbar sah man mir das an. Irgendwer hinter mir dimmte das Licht, bis es nur noch ganz schummerig war, und versuchte seiner Stimme einen geheimnisvollen Touch zu verleihen.

»Die Legende besagt, dass Fleisch – sei es menschlich, sei es tierisch – im Herzen der Cheopspyramide zur Mumie wird. Das ist altes Wissen und die Illuminaten und die Freimaurer machen sich dieses Wissen zu Nutze und regieren die Welt.«

Sophia flüsterte mir ins Ohr.

»Wir bauen eine Cheopspyramide und mumifizieren das Fleisch. Und dann regieren wir die Welt.«

Aha. Wie viele Stunden hatte ich geschlafen? Für diesen Schwachsinn gab es nur eine einzige Erklärung. Drogen. Die hatten mir gegenüber alle einen mächtigen Vorsprung.

»Jimmy? Was sind 146,59 Meter geteilt durch 1000?«

»Das fragst du mich jetzt nicht wirklich, oder?«

Andi schaute mich extrem angepieselt an. Als wollte ich ihn bloßstellen oder Ähnliches. Hallo? Kommas verschieben konnte ich vermutlich sogar noch, wenn ich schon scheintot war. Meine Güte. Das konnte jeder!

»0,14659.«

Ich seufzte und schob Sophia von mir. Mir tat immer noch alles weh. Ich konnte diese erdrückende Nähe nicht ertragen. Um mich herum wurde innerhalb der nächsten Stunde tatkräftig geschnitten, geknickt, geklebt, abgerissen, neu geschnitten, geschichtet und bemalt. Das schummerige Licht hob die Rauchschwaden hervor, die tief im Raum hingen und den letzten Rest des Sauerstoffs verdrängten. Die ganze Situation hüllte uns alle in Schweigen und teilweise sogar in unbehagliche Stille. In meiner Hosentasche vibrierte mein Handy. Zwei Mal kurz, also eine SMS. Ich fischte es aus der Tasche und öffnete die Nachricht. *Komm nach Hause. Bitte.* Meine Schwester. Herrgott nochmal! Daran war ganz allein Savina schuld. Bitch! Woher nahm sie das Recht, mit meiner Schwester zu sprechen? Und welchen Quatsch hatte sie ihr erzählt? Irgendetwas megamäßig Dramatisches. Es war sonst nicht Jessicas Art mir hinterher zu spionieren oder hinter mir her zu telefonieren. Wollte mir hier jeder den Abend versauen? Erst Savina, dann John, jetzt Jessica. Ich wollte mal kurz meine Ruhe haben, aber offenbar gönnte man mir das nicht. Mit den Zähnen knirschend, schob ich mein Handy zurück in die Hosentasche. Die SMS ließ ich unkommentiert. Das hatte ohnehin keinen Sinn. Das hatte es nie. Ich schloss die Augen, seufzte und sah vor meinem inneren Auge Adrians halbseitiges, dreckiges Grinsen. Er war der Einzige, der mich jemals verstanden hatte. Vielleicht war es aber auch nur einfacher denjenigen Menschen das zu geben, was sie wollten, die man ohnehin niemals wieder sah. Man musste sich über Konsequenzen keine Gedanken machen, sondern einfach nur den einen Augenblick perfekt gestalten. Das war vermutlich die Wahrheit. Ich wollte diese Zeit aber nicht mit diesem bitteren Beigeschmack in Erinnerung behalten, deshalb schob ich diese Gedanken weit von mir.

Die Pyramide war eher ein schrecklich misslungenes Halloween-Knusperhäuschen. Die Grabkammer einer Cheopspyramide befand sich bei genau zwei Dritteln der Gesamthöhe. Wenn die komische Einbuchtung an dem Hexenhäuschen bei zwei Dritteln lag, dann fraß ich aber einen Besen. Das sah man doch mit dem bloßen Auge, dass das nicht stimmen konnte. Nicht, dass man ein Stück Fleisch hätte mumifizieren können, wenn die Miniatur-Grabkammer bei zwei Dritteln gelegen hätte. Das alles war ohnehin der größte Mist, den ich seit langem gehört hatte. Aber konnte man dann nicht wenigstens korrekt abgemessenen Mist produzieren? Ich versuchte mir nichts anmerken zu lassen und befasste mich ohnehin besser mit Sophia, die ihre Finger einfach nicht von meinen Knöpfen lassen wollte.

»Wer hat das Fleisch?«

Stille.

»Leute! Wer hat das Fleisch?«

Katha kicherte hysterisch und deutete hinaus in den Flur.

»Das Schwein hat es gestohlen.«

Till jagte das Schwein. Andi trieb es in die Ecke. Und irgendjemand anders stellte fest, dass das Schwein auf seiner Flucht das Fleisch gar nicht mitgenommen hatte, und sammelte es schlichtweg im Flur auf. Wunderte es irgendwen, dass mit dem Fleisch rein gar nichts geschah, erst recht keine Mumifizierung? Ich hoffte nicht, oder ich hatte mich tatsächlich mit einer Horde Vollidioten umgeben. Wir beschlossen einstimmig, unsere Niederlage mit einer Runde Bier runter zu spülen.

»Becki, soll ich dir vielleicht auch eines meiner Kunstwerke auf deinen hübschen, runden Bauch ritzen?«

Man erkannte den Anfang vom Ende, wenn man ihn hörte und er machte einen für eine Millisekunde extrem nüchtern. Zum wiederholten Male an diesem Abend schob ich Sophia grob von mir runter und knöpfte meine Hose zu, ehe ich mich zu Jules rumdrehte und das ganze Ausmaß des Grauens erkannte. Auf dem Wohnzimmertisch lag eine geöffnete Tüte voller weißer Tabletten. Einige davon kullerten über den Tisch, andere wurden von Jules gerade fein säuberlich mit dem Messer zu Staub zerquetscht. Das Pulver schob er zu kleinen Häufchen zusammen. Er sah, dass ich ihn mit offenem Mund anstarrte, missinterpretierte mein Verhalten und zwinkerte mir zu.

»Opium für's Volk. Naja, fast.«

Woher hatte dieses riesengroße Arschloch einen Jahresvorrat an Morphiumtabletten? Ich tippte auf John. Direkter Lieferservice aus der Anstalt. Alle bedienten sich freizügig. Und mit alle meinte ich alle. Till packte Päckchen. Flo verteilte Strohhalme. Sophia klebte schon wieder an mir und verteilte das Zeug auf meinen Lippen. All das wäre mir furchtbar egal gewesen. Im Grunde hätte ich mich gerne in dieser Nacht einfach eine Runde aus dem Leben geschossen und mich erst am Morgen mit möglichen Konsequenzen befasst. Aber der übrig gebliebene Rest meines Verstandes ließ dies nicht zu. Nicht, wenn die hochschwangere Becki mir gegenüber vor dem Wohnzimmertisch kniete und ihren Babybauch unterm T-Shirt hervor holte, damit Jules mit einer Rasierklinge darauf herum ritzen konnte, nachdem er ihr eine ordentliche Portion Morphium in die Blutbahn gejagt hatte. Ich sprang auf, zog Becki weg von Jules und brüllte ihn an.

»Du bist doch nicht mehr ganz knusper! Sie ist schwanger, du Vollspast!«

»Tu nicht so scheinheilig. Das ist ja wohl nicht dein Problem.«

Er wollte Becki am Arm packen und zurückziehen, aber ich stellte mich so zwischen beide, dass Jules gar nicht erst hinkam. Er qualmte vor Wut. Warum wusste der Herrgott. Konnte ihm nicht egal sein, wie diese Nacht für Becki endete? Oder besser noch. Sah er nicht, dass das richtig krank war? Eine Schwangere anfixen? Hallo! Jules war scheinbar heute Nacht geschäftlich hier. Als wäre ich heute nicht schon genug rumgeschubst worden, boxte mir Jules mit voller Wucht gegen die Schulter.

»Es beschwert sich doch auch keiner, dass du dir heute schon alles Mögliche reingezogen hast. Hast du dich mal im Spiegel betrachtet? OD steht dir wie eine Leuchtreklame im Gesicht. Also lass Becki in Ruhe und halt dich raus.«

»Was hat denn das mit mir zu tun? Bin ich schwanger? Wenn ich hierbei draufgehe, dann nicht inklusive Baby!«

Ich war definitiv im falschen Film. Warum tat ich das eigentlich? Ach ja. Weil es das Richtige war, verflucht noch mal! Wo waren denn Andi und Flo, die sich sonst ständig um das Baby stritten? War es nicht eigentlich deren Aufgabe, sich um Mutter und Kind zu kümmern und sie vor solch einem Desaster zu beschützen? Jules spuckte vor mir auf den Boden und starrte mich völlig irre an. Zum zweiten Mal an diesem Abend war mein benebelter Geist zu langsam, um vorherzusehen, dass mir jemand im nächsten Augenblick eine überziehen würde. Nicht so fest wie John, aber das, was ich vor Jules Füße auf den Boden sabberte, war definitiv Blut. Obwohl ich erst mal nur dastand und mich nicht rührte, brach irgendwie die Hölle los. Jules prügelte wie ein Wahnsinniger auf mich ein und Till zerrte an mir. Möglicherweise um mich von Jules zu befreien, möglicherweise auch nicht. Tausend Stimmen schrien wild durcheinander. Darunter meinte ich Sophias Stimme rauszuhören, die hysterisch brüllte, dass wir aufhören sollten. Wir? Er! Gerade steckte ich doch nur ein! Einige von Jules Freunden versuchten ihn von mir wegzuzerren, andere fanden das alles wohl äußerst lustig und traten mir in die Kniekehlen, so dass ich zusammensackte und hart auf dem Boden aufschlug. Mittlerweile hatte sich die Situation so zugespitzt, dass sich unter den Anderen verschiedene Lager gebildet hatten und sich noch mehr Leute wild durch die Gegend schubsten. Nicht so aggressiv wie Jules mich, aber das konnte sehr leicht kippen. Andi, der auf Jules einredete, hatte alle Mühe ihn in Schach zu halten und sah mich wütend an.

»Los! Jetzt sag ihm schon, dass es dich eigentlich gar nichts angeht und dass die Angelegenheit gegessen ist, Jimmy.«

Mir war klar, dass Andi es gut meinte. Mir war auch klar, dass ich der weltgrößte Idiot war, mich in meinem derzeitigen Zustand so in die Zwickmühle zu manövrieren. Trotzdem keuchte ich ein paar Worte, die nicht die waren, die Andi gerne gehört hätte.

»Sie ist schwanger!«

Jules Fäuste waren überall und ich konnte nur die Arme über meinem Kopf verschränken und hoffen, dass es bald vorbei war. Dass mir keiner zur Hilfe kam, wunderte mich nicht einmal. Vermutlich wäre ich auch vorsichtig gewesen, denn Jules brüllte ständig irgendwas, das etwas mit *Ich steche euch alle ab, wenn ihr mir zu nah kommt!* zu tun hatte. Erst als er auf meiner Brust kniete, mich mit einer seiner glitschigen Hände an meinem Hals am Boden festhielt und mit der anderen nach einer Handvoll Tabletten griff, die wild auf dem Teppich verstreut waren, wurden wieder hysterische Schreie der anderen laut.

»Hör mit dem Scheiß auf, Jules!«

»Jimmy läuft doch schon blau an, meine Güte!«

»Jules!«

All das nahm ich nur noch durch ein dichtes Feld kleiner, bunter Blitzlichter wahr, die vor meinen Augen erschienen. Ich bekam keine Luft. Nicht, weil Jules Hand um meinen Hals geklammert war, sondern eher, weil er auf meinem Brustkorb kniete und Johns Werk noch die Krone aufsetzte. Ich begann wild nach Luft zu schnappen und mich zu winden, aber hatte einfach nicht die Kraft, um mich von Jules loszureißen. Ganz im Gegenteil. Je mehr ich zappelte, umso fester hielt er mich. Grünes Gift funkelte in seinen Augen und pure Verachtung triefte aus seinen Mundwinkeln.

»Die waren eigentlich für Becki. Aber du musst dich ja

überall einmischen. Sieh zu, wie du damit klarkommst, du Psycho!«

Mit eisernem Griff umklammerte er meinen Unterkiefer, so dass mir gar nichts anderes übrig blieb, als den Mund zu öffnen. Im Handumdrehen hatte ich den ganzen Mund voller Tablette und Jules Hände über Mund und Nase. Angestrengtes Herzklopfen wich in Windeseile purer Panik. Keine Horrortrip-und-Spinnenphobie-Panik. Sondern echte Todesangst, von der ich nicht wusste, dass ich sie entwickeln konnte. Ich wollte keine gefühlten zwanzig Morphiumtabletten schlucken. Nicht hier. Nicht jetzt. Sowas sollte meine Entscheidung sein und nicht die von diesem arroganten Arschloch. Und doch blieb mir nichts anderes übrig. Ich spürte wie raue, trockene Pampe meinen Hals hinunter rutschte und ich husten musste. Trotzdem ließ Jules nicht von mir ab. Erst als ich zwei, drei Mal hart geschluckt hatte, mir bereits Tränen den Blick verschleierten und ich mich ohnehin nicht mehr wehrte, stand er auf. Einen letzten Tritt verpasste er mir in die Seite, dann ging er einfach. Kaum schlug die Tür mit einem lauten Scheppern ins Schloss, saßen mindestens drei Personen neben mir. Wer? Keine Ahnung. Jetzt auf einmal waren sie da? Ach ja, echt jetzt? Gottverfluchte Arschlöcher! Ich wollte nur noch weg, doch immer, wenn ich versuchte mich aufzurappeln, wurde mir so schwindelig, dass ich auf meine Knie zurück sackte. Helfende Hände wischte ich von mir. Es sollte mich keiner mehr anfassen. Keiner. Auch nicht Sophia, die irgendwie versuchte halbwegs vernünftig zu sein und auf mich einredete, wobei mindestens hundert Mal das Wort Krankenhaus fiel. Auf allen Vieren kroch ich zum Bücherregal, zog mich einigermaßen hoch und hangelte mich nach draußen, über den Flur und hinein ins Badezimmer. Die Tür schob ich hinter mir zu und ließ mich dann an der Innenseite der Tür entlang auf den Boden gleiten. Was um alles in der Welt war da gerade passiert? Und was sollte ich nun tun? Zunächst saß ich regungslos da und schluchzte still in mich hinein, doch als mir so langsam klar wurde, was da alles gerade durch meine Blutbahn floss, brach in mir die Panik aus. Schweißperlen standen auf meiner Stirn und klebten meine feuermelderroten Ponyfransen an ihr fest. Am ganzen Körper zitterte ich wie Espenlaub und ich konnte nur noch sehr wenige klare Gedanken fassen, ehe ich mir die Seele aus dem Leib kotzte. Der wohl klügste Gedanke an diesem Abend war, die Speed-Dial-Taste No. 1 auf meinem Handy zu drücken. Meine Schwester. Weit entfernt und ganz leise hörte ich ihre Stimme aus dem Lautsprecher des Handys, das auf den weißen Fliesen neben mir lag, meinen Namen rufen. Ich antwortete nicht. Ich rief nicht. Ich versuchte nicht einmal, das Handy wieder in die Hand zu nehmen. Ich war viel zu beschäftigt damit, mein Innerstes nach außen zu stülpen und dabei nicht ständig in Ohnmacht zu fallen.

Niemals hatte ich gedacht, dass ich einmal zu den Personen gehören würde, die man halb tot auf einem Badezimmerfußboden auffand. Savina und Jessica wohl auch nicht. Das war das erste und das letzte Mal, dass ich Savina weinen sah. Das machte die ganze Angelegenheit noch viel schlimmer. Savina wischte mir mit einem nassen Waschlappen übers Gesicht und wickelte eine Decke um meine Schultern.

»Du musst jetzt versuchen aufzustehen. Okay? Wir helfen dir.«

Savina und meine Schwester schleppten mich aus dem Badezimmer, die Treppe hinunter und auf die Straße. Es schüttete nach wie vor wie aus Kannen und die Nebelschwaden hingen wie Geister in der Morgendämmerung. Mühsam kroch ich in Jessicas Auto und faltete mich so klein wie möglich auf der Rückbank zusammen. Savina setzte sich neben mich und hob meinen Kopf in ihren Schoß. Sie kraulte mir durch die Haare und redete leise auf mich ein.

»Wir kriegen das wieder hin, Jimmy. Shhh. Mach die Augen zu.«

Jessica sagte die ganze Fahrt über kein Wort. Selbst im Krankenhaus, als ich bereits an einer Milliarde Schläuchen hing, schwieg sie. Erst als sie dachte, dass ich eingeschlafen war, gab Jessica mir einen Kuss auf die Stirn und flüsterte ein paar Worte.

»Love you, you fuckin' idiot.«

»I'm sorry.«

Flüsterte ich zurück.

***

Meine Schwester schwieg. Savina schwieg. Ich schwieg ebenfalls. Es gab Dinge, die sollte – zumindest nicht alle Einzelheiten betreffend – nicht jeder erfahren. Vor allem nicht Eltern. Ein blaues Auge und angeknackste Rippen genügten vollkommen, um elterliche Nerven zu strapazieren. Der Rest blieb ein wohlgehütetes Geheimnis.

Hatte ich bei allem, was passiert war, Glück gehabt? Nein. Meine

Schwester anzurufen, war eine allerletzte klare Entscheidung, die ich traf, bevor alle Lichter ausgingen. Das hat mit Glück nichts zu tun. Auf meine Schwester ist Verlass.

War es Schicksal, dass mir all das passierte? Sollte ich ordentlich durchgeschüttelt werden, um zur Besinnung zu kommen? Da kennt mich das Schicksal aber schlecht. Wie gesagt. Ich glaube nicht daran. Zur falschen Zeit am falschen Ort ist eher eine Theorie, mit der ich mich anfreunden kann.

War es Zufall, dass Becki ab diesem Zeitpunkt täglich von einem Sozialarbeiter begleitet wurde? Und war es Zufall, dass John in die geschlossene Abteilung einer psychotherapeutischen Einrichtung zurückkehrte? Oder war es Zufall, dass Jules nach wenigen Tagen in U-Haft saß? Wenn, dann hat der Zufall neuerdings zwei zusätzliche Vornamen erhalten: Savina und Jessica.

Kapitel 5

Eine gute Freundin machte mich vor einiger Zeit auf ihre Wiesen-Theorie aufmerksam, ohne zu wissen, wie sehr sie mir aus dem Herzen sprach. Diese Freundin war nicht Savina. Ich lernte sie erst viele Jahre später kennen. Sie war ein Chaot, ein Paradiesvogel und eine leidenschaftliche, verbotsmissachtende Um-Mitternacht-im Fluss-Schwimmerin. Selbstverständlich nur in Begleitung von Kanalratten. Oder Bibern. Je nach Laune.

Wir befinden uns alle auf einer blühenden grünen Wiese. Dort beginnt jeder einmal. In der Regel sucht man sich nach einer Weile einen ordentlich gepflasterten Weg, folgt den Wegweisern und baut irgendwann ein kleines Häuschen. Hübsch angestrichen und mit weißem Lattenzaun rund um den Garten. Man wird erwachsen und findet seinen Platz. In der Regel. Soweit die Theorie. Doch Ausnahmen bestätigen nun einmal die Regel.

Statement: Ich bin eine Ausnahme!

Sie auch. Wir bauen keine hübschen Häuschen, wir folgen keinen Wegen. Und wir kommen auch niemals irgendwo an. Ab und an kitzelt uns das Gefühl, dass wir Schildern folgen müssten, dass wir

Stein auf Stein setzen müssten, um wenigstens irgendein Ziel zu erreichen. Doch sind wir mal ehrlich. Wir waren schon immer die Wiesenbewohner, wir sind es noch und wir werden es auch immer sein.

* * *

Mein Spiegelbild mochte mich nicht. Das machte aber nichts, denn das beruhte auf Gegenseitigkeit. Die Badezimmertür knarrte und flog auf. Nichts in diesem Haus hatte mehr Schlüssel. Das Bad im Keller nicht. Mein Zimmer nicht und die Werkstatt, in der hauptsächlich meine Verstärker und Gitarren standen, die ich schon eine halbe Ewigkeit nicht mehr angefasst hatte, auch nicht. Privatsphäre gleich Null. Das war Jessicas Werk. Warum, das dürfte mittlerweile wohl jedem klar sein.

»Was machst du?«

Ich starrte weiterhin in den Spiegel. Wenn hier jemand rein kam, war es ohnehin nur Jessica. Da musste ich nicht extra hingucken.

Statement:

Eltern kamen aus Prinzip nicht in *die Gruft*.

»Das Rot muss weg, das macht mich wahnsinnig.«

Die knallige Haarfarbe hatte mir nur Pech gebracht. Das war natürlich Unfug. Aber es fühlte sich so an, also musste sie weichen. Ich schüttelte eine Flasche schwarze Haarfarbe, um die einzelnen Bestandteile gut zu mischen. Alles hintereinander auftragen funktionierte nicht. Hatte ich schon. Brauchte ich nicht noch einmal. Jessica schnappte sich die

Flasche und deutete auf die Badewanne.

»Setz dich, ich helfe dir.«

Ich zog mein T-Shirt über den Kopf und setzte mich, mit dem Rücken zu meiner Schwester, auf den Wannenrand. Kurz hörte sie auf die Flasche zu schütteln und schnaubte hörbar. Ich konnte mir die fiese Falte zwischen ihren Augen bildlich vorstellen, drehte mich aber nicht um.

»Aha.«

Murmelte sie vor sich hin. Aber auch das ließ ich unkommentiert. Mir war klar, dass sie das Tattoo auf meinem Rücken meinte. Es war ein schwarz-graues Tattoo eines zerrissenen Spinnennetzes. Durch die Risse und um das Netz herum flogen Seifenblasen, einige davon platzten. Am unteren Ende des längsten Fadens hing die Spinne. Diese eine konnte ich ertragen, alle anderen waren mir unheimlich. Jessica warf mir ein großes Handtuch um die Schultern und trug die Haarfarbe auf. Nach einer halben Stunde, in der ich hauptsächlich geschwiegen und Jessica unentwegt geplappert hatte, sah mein Kopf schon fast wieder wie früher aus. Zwar waren die Haare nicht mehr so lang, aber wenigstens stimmte die Farbe wieder.

»Ich denke, du kannst das Zeug jetzt runter waschen.«

Ich nickte und wartete. Sie schaute konfus.

»Was?«

»Da ist die Tür. Würdest du vielleicht ...?«

Jessica kicherte.

»Jimmy! Ich habe dir schon die Pampers gewechselt!«

»Du weißt, dass das nicht stimmt!«

»Aber ich hätte es gekonnt, also stell dich nicht so an.«

Da ich meine Schwester und ihre hartnäckige Art und Weise kannte, diskutierte ich erst gar nicht. Ich schmiss das Handtuch auf den WC-Sitz und knöpfte meine Jeans auf, während in der Dusche das Wasser warm wurde. Jessicas hysterisches Quietschen drang mir durch Mark und Bein.

»Jimmy! Das ist jetzt nicht dein Ernst, oder?«

Mir war ja von Anfang an klar gewesen, dass das passieren würde, aber irgendwie hatte ich noch die leise Hoffnung gehegt, dass sich Jessica am Riemen reißen konnte. Fehlanzeige.

»Och komm schon, Jess. Hör auf mich anzustarren! Du bist meine Schwester! Das fühlt sich extrem falsch an!«

Ja. Ich hatte seit einer Weile ein Piercing durch die Brustwarze. Und ja. Ich hatte noch ein weiteres Tattoo. Eine Krähe. Halb Skelett, halb mit Gefieder. Sehr tief auf meiner Leiste. Jessica konnte sich scheinbar gar nicht beherrschen. Sie kam auf mich zu, starrte weiterhin, und als sie dann auch noch ihre Hand ausstreckte, um das Piercing anzufassen, schlug ich ihr kurz aber kräftig auf die Finger. Den flüchtigen Moment Verwirrung nutzte ich aus, stieg über den Badewannenrand und zog den Vorhang zu.

»Seit wann hast du das?«

Okay. Jetzt ging also die Fragerunde los.

»Irgendwann, als du weg warst.«

»Wissen Mom und Dad davon?«

Ja klar doch. Ich lebte doch noch, oder nicht? Das schloss sich erkennbar aus.

»Hast du ne Macke?«

Ich hätte auch nichts sagen können, aber ich wollte sichergehen, dass Jessica ihren Mund hielt. Das war mit dieser Gegenfrage hoffentlich geritzt.

»Wie hast du das bezahlt?«

»Ich habe mit meinem Tätowierer geschlafen.«

Jessica riss den Vorhang beiseite und starrte mich schon wieder an. Mir fiel einfach nichts anderes ein, als ihr den Wasserstrahl ins Gesicht zu halten. Sie schrie und machte den Vorhang wieder zu.

»Du Vollidiot! Ich hoffe, deine letzte Bemerkung war gelogen.«

»Sehr schmeichelhaft, wenn du mir sowas zutraust.«

»Ich nehme das mal als ja.«

Dann waren wir eine Weile still. Keiner von uns wollte über das Dröhnen des Föhns hinweg brüllen, den Jessica angeschaltet hatte. Sie klebte am Spiegel und hantierte mit dem Lockenstab und ich trocknete mich ab, zog Shorts an und rubbelte mir das Haar, bis alles kreuz und quer von meinem Kopf abstand.

»Setz dich nochmal und gib mir den Alkohol. Ich wische dir die Konturen weg.«

»Danke.«

Meine Schwester schrubbelte konzentriert mit einem in Alkohol getränkten Wattepad an meinem Haaransatz herum, warf es dann in den Müll und packte mich danach unerwartet fest am Kinn. Was zum Teufel? Schon wieder eine Predigt?

»Weißt du. Wenn du damit nicht so verdammt scharf aussehen würdest, würde ich es verraten.«

Ich zog eine Augenbraue skeptisch nach oben. Würde sie

nicht! Oder?

»Na, was ein Glück, dass ich so sexy bin.«

Bitte registrieren Sie den sarkastischen Tonfall. Gemeinsam standen wir vor dem Spiegel. Sie drehte weiterhin ihre Locken auf und ich verschmierte schwarzen Kajal um meine Augen. Danach klaffte ich das Oberlicht, um die stickige Luft rauszulassen. Draußen war es bereits dunkel geworden und dem Geplätscher nach zu urteilen, schüttete es so doll, als wollte die Welt untergehen. Im Irish Pub spielte am Abend unsere Schulband und Jessica zwang mich, mit ihr und ihren Freunden hinzugehen. Um unter Leute zu kommen. Ihr Wortlaut. Wie man sich vorstellen konnte, war ich überaus begeistert. Kill me? Please? Eine Wahl hatte ich allerdings wohl kaum. Ich quetschte mich in meine Jeans und wollte gerade das Bad verlassen, als Jessica mich am Arm packte.

»Iss was. Okay?«

»Hä?«

»Wenn du ausatmest, kann man deine Rippen zählen. Iss etwas!«

Was sollte der Quatsch? Ich schüttelte ihre Hand ab und lief über den Flur zu meinem Zimmer.

»Ich füttere dich, wenn es sein muss.«

Brüllte Jessica mir zu.

»Kümmere dich um deinen eigenen Scheiß!«

Brüllte ich genervt zurück und knallte die Tür hinter mir zu, wohl wissend, dass das Jessica nicht draußen halten würde. Keine Schlüssel. So viel zu unserer geschwisterlichen Liebe zueinander.

Musste ich extra erwähnen, dass ich diese Soft-Rock-Cover-Band nur schwer ertragen konnte? Das eine Alibi-Bier, das mir Jessica gönnte, half da auch nicht weiter. Alles andere wurde mir allerdings verboten und die Regeln wurden mir in mehrfacher Ausführung auf der Fahrt eingebläut. Die sanfte Variante kam von meiner Schwester. Die *Ich-warne-dich-nur-ein-einziges-Mal-mein-Freund*-Variante selbstverständlich von Savina. Seit wann sie und meine Schwester so dick befreundet waren, wusste ich auch nicht. Krisensituationen schweißten scheinbar zusammen. Die Sängerin ging mir mit ihrem Rumgeeiere mächtig auf den Keks und der Sänger lag meistens einen Halbton daneben. Hörte er das denn nicht? Auf meinen Armen stellten sich jedenfalls die Haare senkrecht. Komischerweise störte das sonst niemanden. Aus alter Tradition spielte die Band irgendwann *Like The Way I Do* von Melissa Etheridge, wobei der rothaarige, komische Kauz, der sonst hinterm Mischpult saß, auf die Bühne kam, eine arme Gitarre vergewaltigte und gemeinsam mit der Sängerin einen halben Porno aufs Parkett legte. Das wollte doch keiner sehen! Savina trat mir unterm Tisch ans Bein.

»Du bist dran.«

»Ich spiele nicht, wenn ich nicht trinken darf. Das killt den Sinn des Spiels.«

Sie funkelte mich böse an.

»Der Sinn des Spiels ist es, Spaß zu haben.«

»*I never!* ist ein Trink-Spiel!«

Sie schob mir ihren Rest Cola hin und funkelte mich weiterhin böse an.

»Du darfst trinken, nur eben keinen Alkohol! Und jetzt

spiel!«

Blöde Kuh! Das alles ging mir so tierisch auf die Nerven, es war einfach unbeschreiblich. Ich stierte böse zurück und knurrte ein *mach schon* angefressen durch zusammengebissene Zähne. Sie hob ein bis zum Rand gefülltes Schnapsglas in die Höhe und verkündete ihre Behauptung lauthals.

»I never! Ich habe noch niemals mit einem Mann geschlafen!«

Triumphierend grinste sie mich an und kippte den Schnaps auf ex hinunter. Selbstverständlich. So waren die Regeln. Wer log musste trinken. Und der Partner in der Runde, also in diesem Falle ich, ebenfalls, wenn die Aussage für ihn auch gelogen wäre. Und Savina hielt sich vermutlich für megamäßig clever und ging davon aus, dass sie Aussagen in den Raum stellen konnte, die mich von vornherein nicht zum Trinken nötigen würden. Soweit ihre Theorie. Bitch! Innerlich schäumte ich vor Wut. Da hatte sie sich gehörig verrechnet. Ohne meinen eiskalten Blick von ihr abzuwenden, griff ich zum Cola-Glas und kippte mir den Inhalt in den Rachen. Dann stand ich auf und ging. Die Pfiffe hinter mir ignorierte ich.

Schnatternd vor Kälte saß ich auf den Treppenstufen vor dem Pub und sah den Regentropfen beim Tanzen zu. Dinge, die man nicht konnte, sollte man lassen. Darunter zählte in meinem Fall jegliche Art der Interaktion mit Personen. Neben mir erschienen ein paar pinkfarbige Highheels. Kein Grund, um aufzusehen, ich wusste sowieso, dass es meine Schwester war. Sie legte mir meine Jacke um die Schultern und ging vor mir in die Hocke. Seufzend legte sie ihren Kopf zur Seite und wartete, ob ich etwas sagen wollte. Wollte ich nicht.

»Mein kleiner Bruder ist gepierct, tätowiert, raucht, trinkt, prügelt sich, verpasst sich beinahe eine Überdosis und treibt es auch mit Männern. Sonst noch irgendwas, das ich wissen sollte?«

Ich zuckte mit den Schultern. Klar doch, die Liste war noch ausbaufähig.

»Nope.«

Sie hob mit einem Finger meinen Kopf an, damit ich endlich nicht mehr auf die Straße starrte, sondern in ihre Augen sah.

»Es war nicht der Tätowierer, oder?«

Zum ersten Mal an diesem Abend musste ich herzhaft lachen und Jessica lachte mit. Rein aus Prinzip führte meine Schwester mit mir die Diskussion, ob ich für den heutigen Abend genug unter Leuten gewesen war oder nicht. Am Ende wartete sie sowieso mit mir auf das Taxi, verabschiedete mich mit einem Kuss auf die Stirn und dem Versprechen, später noch mal in meinem Zimmer vorbei zu schauen. Versprechen oder Drohung? Es hatte etwas von beidem.

Herrgott nochmal war ich mies geworden! Seit über einem Jahr gammelten meine Gitarren in dieser Kammer herum. Ich hatte nicht nur keine Übung mehr. Ich fühlte mich wie ein blutiger Anfänger. Und weil es blutige Anfänger nicht anders verdienten – oder auch, weil ich ohnehin sonst nichts mit mir anzufangen wusste – faltete ich mich auf den kalten Fliesen in der hintersten Ecke der Werkstatt klitzeklein zusammen und spielte mir die Finger wund. Gitarre spielen war okay, es lenkte ab, aber es half nicht genauso gut gegen den Druck und all die wirren Gedanken in meinem Kopf wie andere Dinge. Dinge, die ich mir nicht erlauben konnte, weil ich ständig von meiner Schwester kontrolliert wurde. Wahrscheinlich empfand sie das gar nicht so. Ich ging fest davon aus, dass sie schlichtweg für mich da sein und aufpassen wollte, dass ich keinen Unsinn anstellte. Sie wollte, dass es mir wieder gut ging. Dass ich wieder mehr lachte. Das Problem an der Sache war, dass ich für mein Empfinden ein Mindestmaß an Unsinn anstellen musste, um nicht wahnsinnig zu werden. Was ich allerdings nicht konnte, weil Jessica ständig da war. Was wiederum bedeutete, dass es mir nicht besser, sondern schlechter ging. Was wiederum dazu führte, dass mich Jessica bemutterte. Ein nicht endender Teufelskreis und meine bislang noch unwiderlegte Theorie dazu. Selbstverständlich hinkte diese Theorie. Das war natürlich jedem klar. Aber ich war nun einmal der Meister der Verdrängung. Ich schrak aus einem traumlosen Schlaf hoch, als Jessica mich sanft an der Schulter schüttelte und dann meine Gitarre zurück in den Ständer stellte.

»Was tust du hier? Du holst dir noch den Tod.«

Meine Antwort war ein gequältes Stöhnen. Mehr brachte ich nicht raus, weil mir alles wehtat. Alle Glieder waren steif vor Kälte, und weil ich in einer äußerst ungünstigen Pose eingeschlafen war. Ohne Jessicas Hilfe hätte ich mich kaum vom Fleck bewegen können, denn auch die angeknacksten Rippen machten mir immer noch zu schaffen. Wir humpelten gemeinsam in mein Zimmer. Bis sie mir das T-Shirt über den Kopf gezogen hatte, hatte ich mindestens hundert mal den Vorschlag abgelehnt, mit nach oben zu kommen und in ihrem Zimmer zu schlafen. Ich verkroch mich doch nicht ins Bettchen meiner großen Schwester! Wie armselig war das denn? Ich wollte in meinen Sarg und den Deckel zuklappen! Sonst nichts. Okay, ein paar andere Dinge wollte ich schon, aber das tat hier nichts zur Sache.

»Ich bin alleine groß, Jess.«

Kaum war der Satz aus meinem Mund gepurzelt, straften mich meine Gesichtszüge lügen. Denn ich hechelte vor Schmerz wie eine Schwangere kurz vor der Niederkunft. Der Arzt hatte gesagt, ich solle keine ruckartigen Bewegungen machen. Er hatte Recht. Scheiße, tat das weh!

»Kill me? Please?«

Ich war wehleidig und jammerte. Schon klar. War einfach nicht mein Tag.

»Du solltest wirklich mit mir nach oben ...«

»Sei still und lass mich leiden!«

Jessica ging. Was auch sonst? Ich konnte schließlich nicht erwarten, dass sie sich ständig mein Gezeter anhörte. In der kleinen Öllampe neben meinem Sarg brannte das Licht, sonst war es stockfinster. Von draußen klopfte der Regen an die Oberlichter. Der Rhythmus des Regens passte gar nicht zu meinem Herzschlag, der laut in meinem Kopf dröhnte. Ich schaltete Musik ein, schaltete sie wieder aus und dann doch wieder ein, weil es wenigstens ein bisschen das Dröhnen in meinen Ohren übertönte. In einem Augenblick war es mir unter der Decke so heiß, dass mir die Schweißperlen auf der Stirn standen, also streckte ich einen Fuß über den

Rand des Sarges, im nächsten Augenblick begann ich zu zittern, weil es mir wieder kalt wurde. Ich machte mich selbst wahnsinnig und an Schlaf war irgendwie nicht mehr zu denken. Zwar war ich nach wie vor hundemüde, doch immer wenn ich die Augen schloss, hatte ich das Gefühl, dass die Welt über mir einstürzen würde. Also stand ich wieder auf, setzte mich an meinen Schreibtisch und steckte mir eine Zigarette an. Wahllos surfte ich durchs Internet, schaute Musikvideos an, las Blogs quer, aber all das frustrierte mich nur noch mehr. Ich öffnete ein neues Fenster und tippte *What the fuck is wrong with me?* in die Suchzeile. Klar. Als ob Google mir darauf eine Antwort geben konnte. Erstaunlicherweise hatte Google tatsächlich einiges anzubieten. Im Grunde konnte man sich den weiteren Verlauf vorstellen, als hätte ich an einer Cyberspace-Wegkreuzung gestanden. Zwei Schilder. Auf dem einen Schild stand *Right Way*, auf dem anderen *Wrong Way* und ich beschritt natürlich sehenden Auges letzteren Weg. Dieser war gepflastert mit Videos und Websites, die Titel trugen wie *Cover-up Make Up für selfharm Narben*, *How to write a suicide note?* oder *Eating disorder. Wenn Narben zu sehr auffallen*. Ich las, rauchte eine nach der anderen und merkte nicht, wie langsam aber sicher draußen der Tag anbrach. Einen Stock über mir hörte ich Schritte und Geschirr klappern. Das riss mich aus meiner Trance und schleuderte mich zurück in die Realität, in der meine Schwester und ihre Neugierde wohnten, und in der in meinem Kopf der Vorwurf *Du darfst so nicht sein! Normale Menschen denken nicht an solch einen Schwachsinn!* echote. Wütend auf mich selbst stapfte ich in meinem Zimmer auf und ab und versuchte die aufkommende Panikattacke in Schach zu halten. Ich war so nicht! Ich war, verflixt noch mal, so nicht! Und doch drifteten meine Gedanken zu Glasscherben und Gummibändern und Büroklammern ab, mit denen ich vor einiger Zeit eine etwas nähere Bekanntschaft geschlossen hatte.

»Fuck! My! Life!«

Was wenn doch? Was, wenn es genau das war, was ich eigentlich wollte? Oder brauchte? Oder ... Wenn es die einzige greifbare Lösung war, die ich fand? Ich hatte nie wirklich ein Geheimnis aus meinen Fehltritten gemacht. Wenn ich mich in die Scheiße geritten hatte, dann mit Pauken und Trompeten. Vermutlich war genau das der Grund, warum ich nun ständig unter Beobachtung stand. Ich war zu laut und ich musste leiser und vorsichtiger werden. Irgendetwas musste doch dran sein, wenn alle sagten, dass der Gegenschmerz half, um runterzukommen. Dass viele das nur nicht nachvollziehen konnten. Allein, dass ich darüber nachdachte, machte mich zum weltgrößten Idioten und ich wusste das auch. Es war ein altes Lied ... ich traf nicht immer die weisesten Entscheidungen. Der Aschenbecher stand neben mir und schrie mich förmlich an und doch ignorierte ich ihn. Ich nahm den letzten Zug, pustete ein paar Kringel in die Luft und unterdrückte den Wutausbruch, der mir im Hals quer steckte.

»Was, wenn? Hm? Ach, fuck it!«

Ich ging in die Hocke, legte meinen linken Arm auf meinem Knie ab und drückte die Zigarette auf meinem Unterarm aus. Ohne mit der Wimper zu zucken. Eiskalt. Nur mein Herz schlug mir bis zum Hals und drohte meinen Brustkorb in eine Milliarde kleine Teile zu zerreißen. Und nun? Das war's jetzt? Das war doch nichts, oder? Meine Haut schlug Blasen und sie brannte wie Feuer. Aber sonst nichts. Auf der anderen Seite ... was hatte ich erwartet? Die Haare raufend wanderte ich wieder in meinem Zimmer auf und ab und hätte am liebsten sämtliches Inventar in Schutt und Asche gelegt.

»Nein! Nein! Nein! Nein, verdammt noch mal! So geht das nicht!«

War es bedenklich, dass ich mit mir selbst sprach? Simple Antwort. Ja! Ohne auch nur eine Sekunde darüber nachzudenken, dass ich draußen meiner Familie begegnen konnte, stapfte ich ins Badezimmer und durchwühlte in feinster Junkie-Manier mit zittrigen Händen wild und ohne System alle Schubladen. Klein. Pink. Scharf. Wo zum Teufel hatte meine Schwester ihre Einweg-Rasierer versteckt? Sonst flog ihr Zeug doch überall rum! Oder hatte sie im Zuge der Schlüssel-Aktion auch alle gefährlichen Gegenstände entsorgt? War ich paranoid? Definitiv! Panik und Wut stauten sich in meiner Magengegend an und dann fand ich das Objekt der Begierde doch. Die Tüte war noch geschlossen. Auch das war wieder eine unvorhergesehene Tatsache, die mich nah an den Wahnsinn trieb und ich meinen Elektro-Rasierer zur Hölle wünschte. Sie würde es merken, ich wusste es einfach! Mein Spiegelbild schrie ohnehin *Rasier dich!* Wieso also nicht? Kaum zu glauben, aber ich klatschte mir Jessicas nach Erdbeeren riechenden Rasierschaum ins Gesicht, rasierte mich mit einem pinkfarbigen Einweg-Rasierer, ließ ihn demonstrativ auf dem Waschbeckenrand liegen und verschwand mit einem frischen Exemplar in meinem Zimmer. Das Klicken der Tür im Schloss war beruhigend. Das Quietschen eines Schlüssels wäre besser gewesen. Aber naja ... keine Schlüssel für Jimmy. Keine Schlüssel für Jimmy war aber nicht gleichzusetzen mit, keine Türkeile für Jimmy. Deshalb schob ich einen solchen fest von innen unter die Tür. Kurz gesagt, ich erkaufte mir Zeit für den Notfall. Der vorübergehende Adrenalinschub ebbte langsam aber sicher ab und ließ mich mit meinem angefressenen Gewissen allein. Eine ganze Weile starrte ich auf meine unruhigen Hände und fragte mich, wieso es mir so schwer fiel zu atmen. Klitzeklein kauerte ich mich an die Tür gelehnt auf dem Boden zusammen, dann brach ich das Plastik des Rasierers auseinander. Drei schmale Klingen waren in den Rahmen gepresst und wollten sich einfach nicht trennen. Von diesen neuerlichen Hürden frustriert, begann ich mit einer Schere das ganze Ding auseinanderzunehmen und wurde immer hektischer und ungeduldiger. Wieso konnte denn nicht einfach mal irgendetwas funktionieren? Die Welt mochte mich nicht. Das war ganz klar.

»Komm schon!«

Hektik und Wut wichen Frustration und diese wich dann wiederum diesem merkwürdigen Gemütszustand, in dem man schreien und heulen und schluchzen wollte, weil alles einfach so furchtbar ungerecht erschien. Ich wollte doch nur diese verdammte Klinge aus dem Plastik heraus bekommen! War das etwa schon zu viel verlangt? Letztendlich biss ich mit den Zähnen an der Seite ein Stück Plastik ab und schnitt mir dabei ordentlich in die Lippe und die Finger. War mir egal! Ich spuckte angekautes Plastik und einige Tropfen Blut vor mir auf die Fliesen und zerrte so lange an der Klinge, bis ich sie schließlich lose zwischen zwei Fingern hielt. Ich schluckte hart. Und nun, Jimmy? Meine Gedanken saßen unangeschnallt im Freefall-Tower. Völlig leergefegt und emotionslos. Dass man vor dem ersten Schnitt eine heillose Angst hatte, war glatt gelogen. Nicht, wenn man die Schmerzen tatsächlich herbeisehnte. Nicht, wenn man schon so tief drin steckte wie ich. Da war eine zarte, weiße Linie auf meinem Unterarm, die langsam anschwoll. Wie in Zeitlupe bildeten sich kleine, rote Tropfen auf meiner bleichen Haut. Ganz leise kullerten sie von dannen und fielen zu Boden, von der Schwerkraft getrieben. Dann war die Stille in meinem Kopf vorbei und auch die Schockstarre in meinen Gliedern.

Statement:
Ich richtete ein Blutbad an.

Danach war es wieder da. Dieses dämliche Grinsen. Es war mir ins Gesicht gepflastert, ohne dass ich etwas dagegen hätte tun können. Wie in Trance klaubte ich einige dreckige Handtücher vom Boden auf und setzte mich zurück an meinen tiefroten See des Vergessens und hätte am liebsten aus Leibeskräften geschrien. Alles, was aus mir raus kam, waren erstickte Schluchzer und winselnde Laute. Jedenfalls für einen Augenblick. Ich starb innerlich. Ende. Das war die einzige Erklärung, die es gab. Hysterisch warf ich Dinge durch die Gegend, trat Flaschen in die Ecken und boxte mit blutigen Fäusten gegen die Wände. Mühsam schob ich eine Kommode vor die Zimmertür. Ich konnte und ich wollte mit dieser Welt und vor allem mit mir selbst nicht umgehen. Mich konnte ich nicht aussperren. Die Welt schon. Auch wenn die Welt protestieren würde. Ich würde nicht hinhören. Angewidert von mir selbst wischte ich die Tränen aus meinem Gesicht. Sinnlos, denn es kamen ständig neue nach. Wann war das denn endlich vorbei? Wann war endlich alles vorbei? Konnte ich aussteigen oder war das feige? Sollte das nicht meine Wahl sein? Zu viele Fragen, zu wenige Antworten.

»Adrian, du dummes Arschloch!«

Brüllte ich durch mein Zimmer und sackte auf den blutverschmierten Fliesen in mich zusammen. Es war einfach jemandem die Schuld in die Schuhe zu schieben, der nicht da war. Dem man auch keine Rechenschaft ablegen musste, weil man ihn ohnehin nie wieder sehen würde. Das war der einzige Grund, warum ich ihn verfluchte. Ich wollte ihn nicht wiedersehen. Er hatte keine tiefere Bedeutung und erst recht keinen Platz in meinem Leben. Er war schlichtweg der Erste und Einzige, der mich je hat so zusammenbrechen sehen. Wenn ich recht darüber nachdachte, war er derjenige, der das alles aus mir herausgekitzelt hatte. Meine innere Mauer hatte seither einen Riss und ich war unfähig sie zu kitten. Dafür hasste ich ihn zu tiefst und mich selbst noch mehr, weil ich es zugelassen hatte. In Embryostellung kauerte ich auf dem Fußboden. Der Kopf leer und das Herz mit Tränen und Trauer gefüllt. Fertig mit der Welt, mit mir und meinem Leben und einer verbogenen Rasierklinge in der Hand schlief ich dort ein und sollte erst wieder geweckt werden, als es draußen dunkel wurde. Unsanft. Von Fäusten, die gegen meine Zimmertür trommelten und der unbeherrschten Stimme meiner Schwester.

»Mach sofort die Tür auf! Jimmy! Sag was, Herrgott nochmal! Jimmy!«

Ich zog eines der dreckigen Handtücher über meinen Kopf und presste meine Hände über die Ohren. Kaum war ich aufgewacht, war alles zurück. Der Druck auf meiner Brust, die Kopfschmerzen, das Jucken sich schließender Wunden, die Tränen und der Wunsch, dass mich die Welt einfach in Ruhe ließ.

»Jimmy!«

Tief durchatmen. Alles andere war ohnehin keine Option. Ein Satz. Es war lediglich ein einziger Satz, den ich glaubhaft herausbekommen musste. Mit zusammengeknüllten Handtüchern unter dem Arm und allen Einzelteilen des pinkfarbigen Rasierers in zittrigen Fingern schlich ich zu meinem Sarg und schlüpfte unter die Decke. Durch die Oberlichter fiel das gelbliche Licht der Straßenlaterne vor unserem Haus und die Wolken hatten offensichtlich immer noch nicht genug Wasser zur Erde geschickt. Die Öllampe neben dem Sarg war längst verloschen, somit war die einzige weitere Lichtquelle im Raum der Laptop, der scheinbar mitten in einem Update steckengeblieben war. Der Bildschirm leuchtete blau und die Sanduhr drehte sich. Aber nichts passierte. Im Flur polterte Jessica unaufhörlich gegen die Tür, aber die Kombination von Türkeil und Kommode war zu stabil. Ich schluckte hart und holte Luft.

»Lass mich schlafen, ich bin müde. Und ich will meine Schlüssel zurück.«

»Lass mich rein.«

»Lass mich in Ruhe. Ich will schlafen.«

Es war Samstag. Ich durfte schlafen. Und zwar so lang und so oft ich wollte.

»Ich will sehen, dass du okay bist.«

»Ich bin okay. Und jetzt hau ab.«

Sie schimpfte vor sich hin und polterte weiter gegen die Tür. Aber nicht mehr mit der Intensität wie zuvor.

»Ich komme später wieder.«

Na prima. Penetrantes Miststück! Wut lenkte mich ab. Machte aber nichts besser. Ich angelte meinen Walkman vom Schreibtisch, steckte mir die Kopfhörer in die Ohren und zog mir die Decke über den Kopf. Das Summen nahm ich zunächst gar nicht wahr. Erst als ich die Bettdecke anhob und ein Blinken in hellem Orange sah, wurde mir klar, dass mein Handy klingelte. Ich schielte über den Rand des Sarges und las die Anrufer ID. Savina. Hervorragend. Nicht! Mein Handy wechselte zur Mailbox und Savina legte auf. Keine zwei Minuten später bekam ich die erste SMS.

Was machst du?

Jess sagt, dir geht es nicht gut.

Jimmy?

Antworte, verflucht nochmal.

Entschuldigung. Aber du schreibst nicht zurück. Was ist los?

Jimmy, bitte.

Wenn ich schuld bin, weil ich gestern Abend so blöd war, dann sag es bitte.

Jimmy? Es tut mir leid. Ich wusste das von dir nicht.

Komm schon. Sag was.

Dann ging wieder ein Anruf ein. ID. Savina. Mailbox. Keine Nachricht. Im Anschluss folgten die nächsten SMS.

Ich mache mir so langsam echt Sorgen. Gib ein Lebenszeichen von dir.

Bitte?

Hin und her gerissen zwischen dem dringenden Wunsch mein Handy an die Wand zu schmeißen und meinem schlechten Gewissen Savina gegenüber, griff ich schließlich zu meinem Handy und tippte eine Nachricht ein.

Alles Okay. Lass mich schlafen.

Ich drückte den Senden-Button und schaltete das Handy aus, ehe ich mir wieder die Decke über den Kopf zog. Meine Wangen waren heiß, meine Augen geschwollen, meine Arme brannten wie Feuer und kein einziger dieser Umstände half dabei, wieder einzuschlafen. Ich quälte mich durch Erinnerungen, Ängste und Selbsthass, bis mich schließlich doch der Schlaf einhüllte und verhöhnte. Schlaf sollte erholsam sein. Nicht gespickt mit Hochhäusern, von denen man fiel, oder Meeren, in denen man ertrank. In regelmäßigen Abständen wachte ich von meinen eigenen Schreien auf. Nur, um wieder einzuschlafen und genau dort weiter zu träumen, wo ich aufgehört hatte. Als ich das nächste Mal aufwachte, war es draußen wieder hell und das Klopfen und Pochen kam definitiv von meiner Zimmertür.

»Jimmy! Komm da jetzt sofort raus, oder ich sage Mom und Dad Bescheid!«

Na hervorragend. Meine Schwester. Dem Licht nach zu urteilen, musste es mittlerweile Sonntag sein. Morgens? Mittags? Ich wusste es nicht. Ich wusste auch nicht wie oft ich in dieser Nacht hochgeschreckt, wie lange ich wach gelegen oder wie viele Stunden ich geschlafen hatte. In meinem Kopf war ausschließlich grauer Nebel, den ich unmöglich sortieren konnte. Der Versuch aufzustehen, schickte mich fast wieder auf die Bretter. Meine Rippen protestierten. Oder war es mein Magen? Oder beides? Definitiv beides. Klare Gedanken waren ein Gut, das ich zu diesem Zeitpunkt nicht im Überfluss besaß. Sie reichten aber so weit, als dass ich mir ein langärmliges Shirt anzog, ehe ich die Kommode einen Spalt breit von der Tür wegrückte und den Keil löste. Dieses ganze Manöver mit der Kommode ärgerte mich immens. Was sollte der Scheiß? War Jessica hier irgendwie in irgendeiner Weise befugt, mir mein Leben zur Hölle zu machen? Waren das schwesterliche Rechte? Nein. Ganz bestimmt nicht. Der Zorn triefte nur so aus meinen Augenwinkeln, als ich die Tür öffnete. Der Blick kam an. Vermutlich auch mein heruntergekommenes Erscheinungsbild. Jessica starrte mich an, als wüsste sie nicht recht, ob sie den Notarzt rufen oder schreiend davon laufen sollte. Ich leckte mit der Zungenspitze über meine trockenen Lippen und spürte die Stelle, an der die Rasierklinge einen Schnitt hinterlassen hatte. Vermutlich klebte mir sogar Blut im Gesicht. Keine Ahnung. Ich hatte in keinen Spiegel geschaut. Dann schluckte ich, auch wenn mein Hals rau und kratzig war.

»Gib mir meine Schlüssel zurück. Sofort.«

Jessica tippelte von einem Fuß auf den nächsten und streckte ihre Hand aus. Vermutlich, um über meine Wange zu streicheln. Ich wich vor ihrer Berührung zurück. Sowas konnte ich gerade überhaupt nicht gebrauchen. Das war zu nett. Und nett verdiente ich nicht.

»Jimmy. Schau, ich will, dass du erreichbar bleibst. Du igelst dich ein.«

»Gib mir diese gottverfluchten Scheißschlüssel! Jetzt!«

Ich war laut. Sehr laut. Und vermutlich hysterisch. Nicht schön. Es bewegte Jessica aber dazu, in ihrer Hosentasche nach den Schlüsseln zu suchen und mir zwei davon in meine Hände zu geben. Mit dem einen schloss ich meine Zimmertür ab, dann rannte ich ins Bad, schlug die Tür zu und drehte auch da den Schlüssel im Schloss um. Kaum war das geschehen, schlitterte ich auf Knien vor die Toilettenschüssel und spuckte Wasser, Galle und den neusten Schwung salzige Tränen hinein.

»Lass mich dir doch helfen. Ich bin doch deine Schwester.«

Weder wollte ich das hören, noch wollte ich dazu etwas sagen, also rappelte ich mich auf und ließ das Wasser in der Dusche laufen, um eine Geräuschkulisse zu schaffen, die meine Schwester ausblendete. Im warmen Wasser platzten einige Schnitte wieder auf. Ich blinzelte den zartrosa Rinnsalen auf meinen Armen hinterher und verfolgte, wie sie gemeinsam mit den Schaumkronen den Abfluss hinunter tanzten. Jessica versuchte noch zwei oder drei Mal irgendwas durch die Tür zu rufen, dann herrschte Stille. Ob sie gegangen war, oder ob sie vor der Tür auf mich wartete, wusste ich nicht und ich wollte es vorerst auch nicht herausfinden. Nachdem ich geduscht und mich wieder in das Shirt und meine Shorts gehüllt hatte, stand ich vor dem Spiegel und hätte schon wieder heulen können. Stattdessen klatschte ich mir eine gehörige Portion weißes Make-Up und schwarzen

Eyeliner ins Gesicht und hoffte, dass ich damit wenigstens gewollt mies aussah. Dann schloss ich die Tür auf. Jessica war weg. In meinem Zimmer wischte ich zunächst all die angetrockneten Blutflecken mit feuchten Tüchern weg und vergrub dann die Handtücher ganz tief in meinem Sarg. Ich würde sie noch brauchen. Aber herumliegen lassen konnte ich sie auf keinen Fall. Ein Blick auf die Uhr verriet, dass es fast sieben Uhr am Abend war. Wo war die Zeit nur geblieben? Hatte ich tatsächlich einen ganzen Tag verschlafen? Oder vertrödelt? Wie auch immer. Mit Mühe quetschte ich mich in meine Jeans, zog mir einen Kapuzenpullover über den Kopf, steckte Handy, Geld und Schlüssel in die Taschen und schloss meine Zimmertür hinter mir zu. Kurz überlegte ich, ob ich ins Wohnzimmer gehen und Bescheid sagen sollte, dass ich das Haus verließ. Aber wozu? Damit Jessica die nächste Predigt loswerden konnte und unsere Eltern möglicherweise noch mit einstimmten? Ja klar. Ich war ja schließlich erwachsen. Auf dem Papier. Zumindest ließ man mich Auto fahren. Mit einem leisen Klicken fiel die Wohnungstür hinter mir ins Schloss und ich stieg in mein Auto und machte mich auf und davon.

Kurz vor Mitternacht parkte ich auf einem geschotterten Parkplatz neben einer ganzen Reihe anderer Autos mitten im Wald. Kaum hatte ich den Motor ausgestellt und die Tür geöffnet, hörte ich laute Musik und Schritte, die auf mich zukamen.

»Yo man. Mit dir hat ja jetzt echt keiner mehr gerechnet.«

Ich zuckte mit den Schultern, schloss die Fahrertür ab und

nahm die Flasche Bier und den Joint entgegen, die mir Till vor die Nase hielt.

Es war die letzte Woche vor den Herbstferien. In der Schule war nichts mehr los außer Kuchenbacken, Kaffeetrinken und die Planung bis Jahresende. Kurz gesagt, sowohl Lehrer- als auch Schülerschaft schoben eine ruhige Kugel. Das war der Grund dafür, warum keiner ein Problem darin sah, am Sonntagabend eine Jahrgangsparty zu feiern, obwohl alle am nächsten Morgen zumindest halbwegs zurechnungsfähig im Unterricht erscheinen mussten. Gefeiert wurde auf einer Lichtung mitten im Wald. Wieso auch nicht? Wir waren alle Landeier. Ein freilaufendes Wildschwein konnte uns nicht aus der Ruhe bringen. Es waren nur noch zehn bis fünfzehn Personen anwesend. Die ganz Hartgesottenen, die üblichen Verdächtigen und die, die zu jeder Party kamen, ohne dass sie eingeladen waren. Die meisten saßen auf Bierkisten oder großen Steinen, die mit Plastiktüten überzogen waren. Im Grunde war ich nur auf gut Glück und aus Langeweile hier raus gefahren.

Der Regen hatte den Waldboden völlig aufgeweicht. Selbst wenn es nicht mehr in Strömen regnete, tropften die Bäume ohne Unterlass. Gemütlich konnte man die Angelegenheit auf keinen Fall nennen. Ein merkwürdiges Bild war Katha alleine auf einer Bierkiste. Man hatte sich zu sehr an den Anblick gewöhnt, dass sie einzig in Kombination mit Jules anzutreffen war. Meist an seinem Hals klebend. Diese Zeiten waren scheinbar vorbei. Irgendwie traurig. Irgendwie auch nicht. Wo dieser Typ die Finger drin hatte, ging alles den Bach hinunter. Vielleicht kriegte Katha jetzt die Kurve und angelte sich nicht gleich den nächsten Lover-Dealer-Zuhälter mit Hang zur Ritzkunst. Ich sammelte eine Bierkiste auf, setzte mich zu Till, Andi und Flo und nippte an meinem Bier. Die Tatsache, dass ich seit Tagen nichts gegessen hatte, war keine gute Grundlage für Alkohol. Die drei Schlucke, die ich zwischenzeitlich zu mir genommen hatte, merkte ich sofort. Sowohl in meinem Kopf als auch in meinem gereizten Magen. Ich zog meine Kapuze über den Kopf und igelte mich ein. Hier war ich zwar nicht alleine mit meinen Gedanken, aber nach Kommunikation war mir auch nicht wirklich. Ich schaute mir das Treiben der anderen lieber still von außen an als mitten dabei zu sein. Man erfuhr einiges, wenn man still sein, zuhören und zwischen den Zeilen lesen konnte. Beispielsweise erzählte Chrissi stolz von ihrem Bioprojekt und davon, dass sie es geschafft hatte, einen Pilz mit einer Hanfpflanze zu kreuzen. Kein Wort verlor sie über die gestohlenen Petrischalen aus dem Chemietrakt. Ich fragte nicht, worin sie die Pilze züchtete. Helena plapperte aus, dass sie sich mit selbstgemalten Bildern ausreichende Mathenoten erkaufte, und wurde dabei so puterrot im Gesicht, dass man dämlich war, wenn man ihr glaubte, dass selbstgemalte Bilder hier die Währung waren. Tobi bettelte Helena um eines ihrer Bilder an. Auch in diesem Falle war die Währungsbezeichnung äußerst fraglich. Aber keiner der Anwesenden würde sich am nächsten Morgen an all diese Informationen erinnern können. Smalltalk. Ins eine Ohr rein, zum anderen Ohr wieder raus. Sie hörten sich doch einfach alle gern selbst reden. Aber zuhören, das war etwas, das schafften sie nicht. Ich trank einen Schluck Bier und fragte mich, warum ich überhaupt hier war und vor allem, warum ich mich mit diesen Menschen umgab, die so tiefgründig waren wie ein Butterbrotpapier. Sie interessierten sich nicht für mich. Das war es vermutlich. Sie nahmen mich kurzzeitig wahr, aber sie interessierten sich nicht für mich und genau deshalb fiel auch keinem auf, dass ich bis zum Hals im Treibsand steckte. Sie waren nicht wie meine Schwester. Oder wie Savina. Sie waren einfacher zu handhaben.

Ein gelber Lichtkegel kam mit leisem Knattern im Gepäck auf die Lichtung zu. Wer kam am Sonntagabend, mitten in der Nacht auf einem Roller auf diese Lichtung? Auf diese Frage gab es nur eine logische Antwort. Fabian. Jeder Jahrgang hatte genau einen solchen Typen, der seit Jahren nicht mehr auf diese Schule ging, aber trotzdem zu jeder Party erschien und sich aufführte, als gehörte er ganz selbstverständlich dazu. Genauso selbstverständlich, wie Fabian sich in unsere Runde einschlich, ließen wir ihn gewähren. Alles andere wäre zu traurig und grausam. Er schaltete den Motor aus, schnappte sich ein Bier, eine Bierkiste und setzte sich neben mich. Er schmiss mehrere Tüten Chips in die Runde. Eine davon mir vor die Füße. Ich gab sie weiter an Tim. Dann knisterte Alufolie und der Geruch von Knoblauch, Zwiebel und Fleisch verbreitete sich wie eine Giftgaswolke. Ich schluckte hart, um ein Würgen zu unterdrücken. Echt jetzt? Döner? Das ging ja mal gar nicht. Möglicherweise war das aber ein persönliches Problem meinerseits, also war ich still. Till hielt mir die geöffnete Chipstüte unter die Nase. Okay. Das war zu viel. Ich schüttelte den Kopf und flüchtete in den Wald. Als ich zurückkam, steckten alle mitten in einer hitzigen Debatte über vergangene, gegenwärtige und möglicherweise zukünftige Jahrgangspärchen. Sinnvolle Gespräche. Hallo Ironie, schön dich kennenzulernen. Ich stolperte über ein paar Wurzeln zurück zu meinem Platz. Plötzlich spürte ich eine Hand auf meinem Knie und eine Schulter, die meine leicht anstupste.

»Ich habe gehört, ich könnte Chancen bei dir haben.«

Wie bitte? Hatte ich Fabian gerade richtig verstanden? Ich starrte ihn zunächst nur verwirrt an. Till lachte laut neben mir. Dann streichelte er über mein anderes Bein.

»Und was ist mir, Jimmy?«

Dann dämmerte mir einiges. Kill me, please? Die Geschichte im Irish Pub am Freitagabend hat erstaunlich schnell die Runde gemacht. Hätte mir klar sein müssen. Ich knirschte mit den Zähnen und kippte mir den Rest des Biers auf einen Zug hinunter. Ließ ich das Auto halt stehen. Wie lang würde ich zu Fuß nach Hause brauchen? Eine Stunde? Egal. Ich rollte innerlich mit den Augen und zuckte dann mit den Schultern.

»Los. Sag was, Jimmy. Wir sind alle neugierig.«

Katha kicherte laut und machte überhaupt keinen Hehl daraus, dass sie am liebsten sofort sehen wollte, wie ich Fabian meine Zunge in den Hals schob. Konnte sie lange drauf warten. Stattdessen öffnete ich eine weitere Flasche Bier und grummelte in mich hinein.

»Wieso so überrascht? Schaut doch aus, als wäre ich derzeit irgendwie jedermanns Bitch ...«

Die Damen der Runde pfiffen und kicherten. War das tatsächlich so witzig? Glaubten die denn, dass es mir Spaß machte, herumgereicht zu werden wie ein Wanderpokal? Jeder durfte mal, oder was? Völlig egal, ob ihre Vorstellungen der Wahrheit entsprachen oder nicht. Sie glaubten doch sowieso genau das, was sie glauben wollten. Nicht mehr, nicht weniger. Mein ernster Blick ging in Gekicher und dummen Kommentaren unter. Fabian hielt das alles für einen riesigen Spaß und rückte an mich heran.

»Komm schon, Schätzchen. Sei nicht so schüchtern.«

Jetzt schlug es aber dreizehn. Ich packte Fabian am Kragen, erwischte dabei ein paar filzige Dreadlocks und gab ihm so ruppig wie nur irgend möglich einen Kuss mitten auf den Mund. Endlich war er still.

»Zufrieden?«

Spie ich ihm entgegen und meinte damit eher alle Anwesenden als ihn persönlich. Meine Güte ging mir das alles auf die Nerven. Ich schnappte mir mein Bier, stand auf und schwankte. Eine Million schwarze Punkte tanzten vor meinen Augen. Okay. In puncto Alkohol war für mich Schicht im Schacht. Mir rutschte die Flasche aus der Hand. Zu sehr war ich damit beschäftigt, gegen den Pudding in meinen Beinen anzukämpfen. Till packte mich am Ellenbogen und hielt mich aufrecht.

»Yo man. Alles klar?«

Nichts war klar!

»Ja ja. Lass mich!«

Ich stapfte durch den Matsch hinüber zum Parkplatz. Hinter mir hörte ich Schritte auf Kies.

»Jimmy. Gib mir sofort deine Autoschlüssel!«

Für wie dämlich hielt mich Fabian eigentlich? Möglicherweise war ich nicht mehr ganz richtig im Kopf und hatte mich in mancher Hinsicht nicht im Griff. Aber ich war nicht wahnsinnig. Selbstverständlich ließ ich die Finger von meinem Auto. Während ich die Tür aufschloss und im Handschuhfach nach meinen Zigaretten suchte, nörgelte Fabian pausenlos an mir herum. Ich ignorierte ihn weitestgehend. Dann steckte ich mir eine Zigarette an, schloss das Auto ab und stapfte genervt an meinem Anhängsel vorbei.

»Jetzt warte doch mal.«

Er nervte mich. Konnte er denn nicht einfach zurückgehen und den anderen auf den Wecker fallen? Nein. Natürlich nicht.

»Auf was sollte ich warten?«

»Auf mich!«

»Was willst du, Fabian? Wieso bist du hier? Wieso läufst du mir hinterher? Hör auf damit!«

Er seufzte, zwang mich anzuhalten, indem er mich am Pullover festhielt, und schaute mich an, als hätte ich ein Verbrechen begangen und müsste jetzt getadelt werden, weil ich zu doof war, es zu erkennen. Um es auf den Punkt zu bringen: Er hatte den gleichen Blick wie meine Schwester. Oder Savina. Oder manchmal meine Mutter. Das konnte ich beim besten Willen nicht ertragen. Also riss ich mich los und lief über den Parkplatz auf den Waldweg zu. Natürlich mit Fabian an den Fersen klebend.

»Du kannst nicht nach Hause laufen.«

»Und wieso bitte nicht?«

»Schätzchen. Du bist betrunken.«

»Schätzchen? Seit wann bin ich dein Schätzchen? Und betrunken bin ich auch nicht. Ein Bier. Hallo!«

Fabian lachte und zog mich am Ärmel hinter sich her. Ich folgte. Prima. So viel zu meinem Durchsetzungsvermögen.

»Dann bist du ein mieser Trinker. Guck dich doch an. Du schwankst wie ein Blatt im Wind.«

Er hatte recht. Das würde ich natürlich niemals zugeben. Also hüllte ich mich in stoisches Schweigen, bis wir vor seinem Roller standen und er mir seinen Helm in die Hand drückte. Was sollte das? Ich war schließlich kein Baby. Den Helm gab ich postwendend zurück und lief wieder in die Richtung des Waldweges. Fabians Roller knatterte gehörig beim Anlassen. Ein paar Minuten später rollte er im Schritttempo neben mir her.

»Steig auf. Ich fahr dich heim.«

Ich schüttelte vehement den Kopf.

»Ich will nicht heim.«

Fabian schaltete den Motor aus und ließ sich neben mir herrollen. Der Weg führte bergab.

»Ach? Ist das so? Und wo willst du dann hin, Schätzchen? Es ist mitten in der Nacht.«

»Ich bin nicht dein Schätzchen.«

»Du hast meine Frage nicht beantwortet.«

Was zum Teufel wollte dieser Typ von mir? Jetzt ging es aber los. Er nervte. Und die Bäume tropften mir auf den Kopf. Das nervte auch. Es war, zum aus der Haut fahren. Um Fabian abzuschütteln, ging ich schneller, joggte sogar ein Stück den Schotterweg hinunter. War nicht wirklich eine gute Idee. In meinem Kopf drehte sich sofort alles und mein Magen krampfte. Also blieb ich schnell wieder stehen, ging in die Hocke und versuchte die Glühwürmchen vor meinen Augen wegzuatmen. Das metallische Schnappen des Roller-Ständers klingelte laut in meinen Ohren. Dann standen Fabians leuchtend blaue Turnschuhe neben mir und seine Hand lag ruhig auf meinem Rücken.

»Wo soll ich dich hinfahren, wenn nicht nach Hause?«

Woher sollte ich das denn wissen?

»Ich will Kaffee.«

Murmelte ich und versuchte mich aufzurichten. Fabian machte eine ausholende Handbewegung, als ob er nichts mit dieser Information anfangen konnte, und schob mich dann zu seinem Roller. Erneut drückte er mir seinen Helm in die Hand. Ich gab mich geschlagen.

»Kaffee, hm? Wohin also? Das große M?«

Ich schüttelte den Kopf.

»Geht nicht. Hausverbot.«

Fabian lachte laut und nickte anerkennend.

»Sauber. Was hast du getan? »

»Nichts Dramatisches. Nasse Papierkügelchen durch einen Strohhalm an die Decke gepustet. Die wären von alleine wieder runter gekommen.«

Er lachte noch mehr. Ohne ein weiteres Wort stieg er auf den Roller und deutete hinter sich. Diesmal diskutierte ich nicht. Ich setzte den Helm auf und stieg auf den Roller. Irgendwie würde ich ihn später schon loswerden. Da das große M keine Option war und wir uns mitten im Nirgendwo befanden, gab es nur noch eine Möglichkeit. Die Tankstelle am Ortsende. Die hatte durchgehend geöffnet und außerdem konnte man dort Kaffee kaufen.

»Schätzchen. Wenn dich ein Bier so aus den Latschen haut, dann wäre vielleicht etwas zu Essen klüger als ein Kaffee.«

Hatte es Sinn, sich gegen den Kosenamen zu wehren? Nein. Also ignorierte ich ihn. Den Rest auch. Ich schüttelte den Kopf und nippte an meinem Kaffee. Wir saßen beide auf der Bordsteinkante vor der Tankstelle. Fabian kaute auf einem Kaugummi und zwirbelte ein paar Dreadlocks zwischen seinen Fingern. Ich starrte abwechselnd auf meine Schuhe und in meinen Kaffeebecher. Die heiße Flüssigkeit brannte wie Feuer in meinem Rachen und auf dem Schnitt an meiner Lippe. Nach Schluck drei hatte ich fast schon keine Lust mehr den Rest zu trinken.

»Du musst hier nicht auf mich warten. Ich finde alleine nach Hause.«

»Ich dachte, du willst nicht nach Hause.«

Klugscheißer! Er war zu wach und zu schlagfertig für meinen Geschmack.

»Ich finde schon ... keine Ahnung ... du kannst aber auf jeden Fall jetzt gehen.«

»Jimmy. Schätzchen.«

Da war es schon wieder. Dieses dämliche Schätzchen. Ich fühlte mich, als wäre ich drei Jahre alt und hätte in einem Einkaufszentrum meine Eltern verloren. Wollte mich der nette Onkel Fabian jetzt an die Hand nehmen und nach Hause bringen, oder was? Ich verlor so langsam die Geduld. Lediglich Fabians ernster Blick hielt mich davon ab, auszuflippen. So kannte ich ihn nicht. Er war der Kasper, der Klassenclown, derjenige, der den Schalk im Nacken hatte. Oder waren diese Zeiten längst vorbei und er kam tatsächlich nur auf unsere Partys, um ab und an eine Prise Vergangenheit und Leichtigkeit zu schnuppern? Mochte gut und gerne sein. Wir kannten uns schließlich kaum. Irgendetwas an ihm ließ mich ruhig werden und jeglichen Kommentar hinunter schlucken. Stattdessen sah ich ihm direkt in die Augen und suchte nach Antworten. Wieso war er so penetrant?

»Ich weiß, wie du tickst, Jimmy. Wenn ich jetzt gehe, sitzt du morgen früh noch hier auf dem Bordstein.«

Vermutlich hatte er recht. Das hieß aber noch lange nicht, dass er mir deswegen auf den Keks gehen konnte.

»Was interessiert dich das?«

»Ich habe keine Lust morgen früh irgendetwas über Entführungen, Vergewaltigungen oder Suizidversuche in der Zeitung zu lesen.«

Ich war entsetzt.

»Bist du noch ganz dicht? Wieso sollte ich mich umbringen?«

Fabian zuckte mit den Schultern.

»Ist schon bezeichnend, dass du dich gerade darüber aufregst und über Entführungen und Vergewaltigungen kein Wort verlierst. Findest du nicht?«

Ich schnappte nach Luft. Mein Unterkiefer berührte fast den Asphalt, so weit fiel er mir runter. Das war ja kaum zu glauben. Schnaubend stand ich auf und lief davon. Zum wiederholten Male an diesem Abend lief Fabian hinter mir her und hielt mich an meinem Ärmel fest.

»Komm einfach mit zu mir. Okay?«

»Wieso sollte ich das tun?«

»Weil ich dich, verflixt noch mal, nicht alleine lassen werde und das die simpelste Lösung ist.«

Langsam aber sicher wurde ich wütend. Warum? Keine Ahnung. Vielleicht, weil er ein klitzekleines bisschen Recht hatte, aber ich das natürlich nicht zugeben wollte. Wäre es nach mir gegangen, dann hätte sich Fabian einfach auf seinen Roller geschwungen und wäre verschwunden. Und dann? Ich grübelte darüber nach, was ich dann getan hätte, und kam zu keinem klaren Ergebnis. Nach Hause gehen? Abgelehnt. Zu Savina gehen? Abgelehnt. Dann blieb allerdings nicht mehr viel übrig. Alleine mit mir selbst sein? Tatsächlich eine riskante Angelegenheit. Das hatten die letzten Tage schließlich ausgiebig bewiesen. Ich biss mir auf die Zunge und versuchte den Wutanfall zu unterdrücken, der mir im Hals quer steckte, weil mir dämmerte, dass sich Fabian zu einer zweiten Schwester oder einer zweiten Savina entwickelte. Ich hasste die Welt und alles, was sie mir gerade entgegen schmiss. Fabian nahm sanft meine Hand und zog mich zu seinem Roller.

Wir hielten am Oberen Stadtring vor einem dieser neuen Fertigbau-Doppelhausreihen, die von außen alle identisch aussahen. Bis auf die Hausnummer, die rechts neben der Fronttür an die Wand gemalt war. Fabian führte mich ums Haus herum, durch den Garten und zum Hintereingang. Er schloss die Tür auf und ich blieb zögernd draußen stehen.

»Es ist außer uns niemand daheim. Stell dich also nicht so an.«

Ich wusste zwar nicht, ob mich das tatsächlich beruhigen konnte, aber mir blieb ja kaum eine andere Wahl. Außer auf einer Parkbank zu übernachten, weil ich zu stur war, um heimzugehen. Ich trat über die Türschwelle und sah mich um. Die Wände waren nicht verputzt, Glühbirnen hingen an Kabeln von der Decke und manche Räume hatten keine Türen. Lang konnte er hier noch nicht wohnen. Fabian lief voraus und deutete auf eine Tür auf der rechten Seite, dann auf eine auf der linken Seite.

»Bad. Küche. Das Schlafzimmer ist noch nicht fertig.«

Dann öffnete er eine weitere Tür und führte mich ins Wohnzimmer, das er derzeit offenbar ebenfalls als Schlafzimmer nutzte, denn in einer Ecke lag auf dem Boden eine Matratze, Kissen und Decken. Schuhe und Jacke kickte er in die Ecke. Auch ich zog meine Schuhe aus. Schließlich war ich gut erzogen. Dann stand ich erst mal dumm mitten im Raum und wusste nichts mit mir anzufangen. Es war geradezu eine groteske Situation, mit der ich nicht umzugehen wusste. Fabian drückte mir eine Flasche Wasser in die Hand und schob mich auf die Couch.

»Willst du etwas essen?«

Ich schüttelte den Kopf.

»Du bist dir sicher, dass du da nicht gerade ein weiteres Problem ausbrütest?«

Wie bitte, was? Konnte er vielleicht damit aufhören, mich so zu stressen? Was war das nun wieder? Fabian rollte mit den Augen.

»Essstörung?«

»Was bist du? Der neue Sigmund Freud?«

Fabian hob beschwichtigend die Hände.

»Nein. Nur nicht ganz so dämlich wie all die anderen Nullnummern da oben im Wald.«

Ich hatte also mal wieder das große Los gezogen. Hervorragend. Ich zog die Schachtel Zigaretten aus meiner Tasche.

»Darf ich?«

Fabian öffnete die Schublade des Wohnzimmertisches, stellte einen Aschenbecher auf den Tisch und nahm sich ungefragt eine Zigarette. Das war wohl okay. Schließlich beherbergte er mich noch ein paar Stunden. Die Digitaluhr am DVD-Player zeigte drei Uhr nachts an. Stimmte vermutlich. Eine ganze Weile schwiegen wir beide vor uns hin. Im Hintergrund lief das Radio. Fahrstuhlmusik ohne Wiedererkennungswert. Ganz typisches Zeug für diese Uhrzeit. Von draußen prasselten Regentropfen an die Fenster. Es war nicht zu erwarten gewesen, dass der Regen aufhörte. Er hatte lediglich kurz durchgeatmet. Und in meiner Hosentasche summte mein Handy. Scheinbar hatte ich im Wald keinen Empfang gehabt. Nun bekam ich eine SMS und Nachrichten bezüglich diverser Anrufe in Abwesenheit nach der anderen. Jessica. Savina. Jessica. Savina. Ich brauchte sie mir gar nicht anzugucken und ich tat es auch nicht. Fabian drückte seine Zigarette im Aschenbecher aus und grinste mich an.

»Wirst du vermisst?«

»Nein. Kontrolliert.«

Ich trank einen winzigen Schluck Wasser und stellte die Flasche zurück auf den Tisch. Ich war kaputt, müde, erledigt. Also zog ich die Knie an mich ran und legte meinen Kopf darauf ab. Durfte ich hier einfach so einschlafen? Gab es für so etwas wie hier Verhaltensregeln? Ich hatte keinen blassen Schimmer. Fabian drehte sich zu mir und stützte seinen Ellenbogen auf der Rückenlehne der Couch und seinen

Kopf auf seinem Handrücken ab.

»Also? Erzähl! Bist du schwul, oder was?«

Ich schnaubte.

»Nein. Bin ich nicht.«

Er nickte.

»Das I never!-Gerücht ist also totaler Quatsch? Eine Lüge?«

Ich zuckte mit den Schultern.

»Das habe ich nicht gesagt.«

Er nickte wieder.

»Okay. Lassen wir das Schubladendenken. Willst du die Zeit bis um sieben Uhr aussitzen, schlafen gehen oder ...?«

Fabian grinste. Ach? Ich wurde also tatsächlich gefragt? Das war ja mal was. Doch irgendwie versetzte mich die Situation in Schockstarre.

»Jetzt sei mal nicht so verkrampft. Mach einfach die Augen zu.«

Innerhalb eines Wimpernschlags hatte Fabian meine Beine von der Couch gewischt, sich rittlings auf meinem Schoß platziert und vergrub seine Finger in meinem Haaransatz. Seine Küsse ließen mich ins Niemandsland abdriften und sein feuchter Atem an meinem Hals bereitete mir Gänsehaut.

»Du kannst jederzeit nein sagen.«

Flüsterte mir Fabian ins Ohr.

»Hm.«

Murmelte ich zurück und zog ihn näher an mich ran. Es gab in der letzten Zeit zu wenige Dinge, die sich gut anfühlten. Wie ausgehungert klammerte ich mich an das Hier und Jetzt und sog es auf, wie die Luft, die ich zum Atmen brauchte. Fabian markierte meinen Hals mit klitzekleinen Bissspuren. Dann griff er zum unteren Rand meines Pullovers und zog ihn mir über den Kopf. Er lachte leise, leckte über mein Piercing und weitete seine Bisse nach unten aus. Ich ließ meinen Kopf nach hinten auf die Lehne fallen, schloss die Augen und schaltete meine Gedanken ab. Jedenfalls so lange, bis ich Fabians Fingerspitzen auf meinen Unterarmen spürte und realisierte, dass er sich aufrecht hingesetzt hatte und mich besorgt ansah.

»Was?«

Ich klang ungeduldig. Möglicherweise auch ein wenig verzweifelt. In aller Seelenruhe betrachtete er die roten Linien auf meiner Haut.

»Das ist krass. Schätzchen, du brauchst echt Hilfe.«

Als ob ich das nicht selbst wüsste.

»Für was bestrafst du dich denn auf diese Weise?«

Ich kniff die Augen zu und wand mich unter Fabian, doch er pinnte mich fest gegen die Couch. Ich zappelte und wurde panisch, weil ich nirgends hin konnte. Keine Chance.

»Jimmy! Beruhig dich!«

»Wenn du das nicht ertragen kannst, dann gib mir meinen verdammten Pullover zurück. Du warst derjenige, der ihn mir ausgezogen hat.«

Ich war ruppig und laut.

»Das habe ich gar nicht gesagt. Komm runter, okay? Ich verstehe ...«

Er verstand? Ja sicher. Genau wie alle anderen, die immer vorgaben alles so wunderbar zu verstehen. Blödsinn. Ich biss mir hart auf die Lippe, um nicht loszubrüllen, aber ungehalten war ich trotzdem.

»Du verstehst gar nichts! Lass mich los, ich will gehen.«

Fabian drückte mich nur noch fester gegen die Rückenlehne.

»Ich versteh das sehr wohl, Jimmy. Was bin ich hier für dich, hm? Doch nichts anderes als Ablenkung. Und zwar eine dieser Art, die du jetzt Willkommen heißt und dir die Erinnerung daran morgen auf die Arme ritzt. Ist doch wahr, oder nicht?«

Was sollte ich dazu sagen? Gar nichts. Denn Fabian küsste mich sanft und drückte mich an sich. Ich zitterte schweigend vor mich hin, völlig überfordert mit allem.

»Ich kann die Tränen in deinen Augen sehen, Schätzchen. Auch wenn du sie jetzt nicht raus lässt. Ich schlage vor, du machst gleich einfach die Augen zu und konzentrierst dich ganz auf mich.«

An seine Hand geklammert, folgte ich Fabian zu seiner Matratze und schloss die Augen.

Um Viertel nach sieben am Morgen kniete ich auf Fabians Badezimmerteppich und konnte mich nicht entscheiden, ob mir tatsächlich schlecht war, oder ob das komische Gefühl im Magen vom Schlafmangel kam. Fabian kam mit der Zahnbürste im Mundwinkel ins Bad und streichelte mir über den Rücken. Er deutete auf mich und dann explizit auf meine Arme. Dann spuckte er geräuschvoll die Zahnpasta ins Waschbecken. Anschließend wiederholte er die Geste.

»Das da und deine Essensverweigerung. Das ist das Gleiche. Das ist dir schon klar, oder?«

Ich knurrte in mich hinein. Es war zu früh am Tag für solch

gnadenlose Ehrlichkeit. Fabian war ganz eindeutig kein Butterbrotpapier. Er verstand Dinge. Und er sprach sie aus, auch wenn ich sie nicht hören wollte. Er fand es nicht gut. Ganz klar. Aber weder verurteilte er mich, noch versuchte er mich zum Essen zu zwingen. Allein deshalb durfte er solche Dinge sagen, ohne dass ich ausflippte. Nachdem er sich angezogen hatte, brachte er mir eine Flasche Wasser und machte die Badezimmertür zu. Pünktlich um Viertel vor acht setzte mich Fabian vor der Schule ab. Und ich haute sofort wieder ab.

Ich machte einen kurzen Abstecher zur Bank und rief mir ein Taxi, das mich zu meinem Auto brachte. Aus meinem Kofferraum holte ich einen alten, löchrigen Schlafsack, verriegelte die Türen von innen und rollte mich auf der Rückbank zusammen. Dort holte ich all den Schlaf nach, der mir über die letzten Tage abhandengekommen war. Mitten in der Nacht weckte mich mein Handy, das ohne Unterlass klingelte und piepste. Sie haben achtundvierzig neue Nachrichten. Großer Gott. Ich las einige, andere öffnete ich erst gar nicht. Sie sagten ohnehin alle das Gleiche. Die Kurzfassung lautete: *Jimmy. Schaff deinen Arsch nach Hause. Sofort!* Lediglich der Tonfall änderte sich von ungeduldig, über wütend, zu bettelnd, bis hin zu panisch. Ich tippte eine Nachricht in mein Handy.

Jess. Vina. Regt euch ab. Wir sehen uns morgen früh in der Schule.
Dann schaltete ich den Ton aus und kroch tief in den Schlafsack. Ich hatte wirklich vor am nächsten Tag zur ersten Stunde in die Schule zu gehen, aber ich konnte mein

angegammeltes Selbst nicht ertragen. Ich wartete, bis die erste Stunde angebrochen war, damit ich meiner Schwester nicht über den Weg lief, und schlich mich zu Hause ein. Glücklicherweise war niemand mehr da. Ich suchte frische Kleidung aus meinem Schrank, ging duschen, putzte meine Zähne und machte mich dann auf den Weg zur Schule.

Als ich vor dem Klassenzimmer niemanden antraf, erinnerte ich mich daran, dass wir uns zum Crêpe backen in der Schulküche treffen wollten. Die Tür war zu. Ich war zu spät. Super. Die Crêpes stanken die ganze Schule aus. Meine persönliche Meinung. Die meisten anderen hätten vermutlich gesagt, dass sie dufteten. Mir wurde allerdings schon von dem bisschen Geruch so schlecht, dass ich mich zwingen musste, die Tür zu öffnen. Im Klassenzimmer herrschte reges Treiben. Eine Gruppe rührte Teig, eine andere backte ihn und die faulste Gruppe von allen stritt um die popeligen zwei Flaschen Cidre, die irgendjemand mitgebracht hatte.

»Yo man. Dass du auch mal wieder auftauchst. Wir haben mittlerweile schon befürchtet, dass dich Fabian gar nicht mehr aus seiner Liebeshöhle raus lässt.«

Noch ehe ich irgendetwas antworten konnte, stürmte Savina auf mich zu. Was tat sie denn hier? Das war nicht ihr Kurs. Sie baute sich vor mir auf, als wollte sie sofort drauf losschimpfen und mich ungespitzt in den Boden rammen. Stattdessen schlang sie ihre Arme um meinen Hals und drückte mich fest.

»Du Vollidiot!«

Aha. Ganz konnte sie sich also nicht zurückhalten.

»Setz dich. Ich bringe dir einen Crêpe.«

Ich setzte mich. Aber ich schüttelte den Kopf.

»Danke. Kein Hunger.«

Sie zog die Augenbrauen zusammen und starrte mich böse an.

»Du wirst jetzt einen gottverdammten Crêpe essen, mein Freund! Du kannst es dir aussuchen. Entweder isst du ihn selbst oder ich trichtere ihn dir in pürierter Form ein. Deine Entscheidung.«

Bitch! Savina war ein Miststück sondergleichen. Kommentarlos stellte sie einen Teller vor mir ab und setzte sich mir gegenüber an den Tisch. Ich rupfte den Crêpe in winzige Stückchen und schob sie auf dem Teller hin und her. Ich kam mir unheimlich beobachtet vor. Nicht nur von Savina. Die konnten mich alle mal kreuzweise. Savina trommelte mit den Fingern auf dem Tisch herum und ich sah mich genötigt ein Stück Teig in meinen Mund zu stecken, auch wenn ich wusste, wo das enden würde. Das erleichterte Gesicht meiner besten Freundin war es wert und ich dachte wirklich, ich könnte es irgendwie handhaben. Konnte ich nicht. Nach Krümel Nummer vier stürmte ich aus dem Klassenzimmer und schloss mich in der Toilette ein. Savina klopfte. Ich antwortete, dass sie mich in Ruhe lassen und zum Unterricht gehen sollte. Im Endeffekt hatte sie kaum eine Wahl.

Ich war ein Feigling. Schon klar. Im Gegensatz zu meiner besten Freundin ging ich nicht zurück zum Unterricht, sondern verließ das Schulgelände. Mit dem Auto fuhr ich einige Ortschaften weiter und parkte in der Tiefgarage eines Kaufhauses. Ziellos wanderte ich durch leergefegte Straßen und redete mir ein, dass es kurz vor den Ferien ohnehin keinen

Sinn machte, zur Schule zu gehen. Ich setzte mich auf eine Parkbank, zog mein Handy aus der Tasche und wählte Jessicas Nummer, wohl wissend, dass sie im Unterricht saß und ohnehin nur die Mailbox ran gehen würde.

»Machs kurz, vielleicht rufe ich zurück.«

Sagte die Bandansage, dann folgte der Piepton. Eigentlich wollte ich mich nur entschuldigen. Tatsächlich redete ich mich um Kopf und Kragen. Mindestens eine Stunde lang. Bis das zweite Piepen ertönte und die Mailbox sich selbst abschaltete. Das Wenigste, was ich aufs Band gesprochen hatte, machte irgendeinen Sinn. Hauptsächlich ging es mir darum, dass sie zur Abwechslung mal wieder meine Stimme hörte. Ich seufzte. Dann trieb ich mich eine Weile in der Gegend herum. Ohne Plan. Ohne Ziel, außer vielleicht diesem, eine Portion Ruhe zu tanken, bevor ich später nach Hause gehen und meiner Schwester Rede und Antwort stehen musste.

Um die Mittagszeit schlenderte ich durch die CD- und DVD-Abteilungen der Kaufhäuser, durch Buchläden und war einige Zeit später schon fast wieder auf dem Weg zu meinem Auto, als sich eine Traube Menschen um die Flachbildschirme in der Schreibwarenabteilung drängte. Ich trat näher und starrte auf den Bildschirm. Wenige Minuten reichten aus, um sicher zu sein, dass ich weder diese Bilder noch dieses Lied und am wenigsten dieses Geräusch jemals wieder aus dem Kopf kriegen würde. Vereinzelndes Prasseln, wie leichter Regen auf von der Sonne aufgeheiztem Asphalt. Eine romantische Umschreibung für eine grausame Wahrheit. Ich atmete nicht. Ich konnte nicht. Vermutlich atmete die ganze Welt nicht, als sie dabei zusah, wie tausende Menschen von kalter Panik getrieben aus einem einstürzenden Wolkenkratzer in den sicheren Tod sprangen. Mein Handy vibrierte. Ohne auf ein Klingeln zu warten, nahm ich ab.

»Jess?«

Schluchzte ich in den Hörer und rannte los.

»Jess. Lass mich nicht zu Staub zerfallen, bitte. Hilf mir.«

»Wo?«

Brüllte sie in den Hörer und bekam von mir eine kaum verständliche, erstickte Antwort.

»Bleib, wo du bist.«

Dann legte sie auf. Ich wollte nicht bleiben, wo ich war. Ich wollte diese ganzen Menschen nicht reden hören. Ich wollte die Bildschirme nicht sehen. Trotzdem blieb ich. Ich kauerte mich klitzeklein an einer Häuserwand zusammen und wartete. Meine Schwester und meine beste Freundin sammelten mich auf und brachten mich nach Hause. Alles geschah in völliger Stille. In eben dieser Stille saßen wir später auch in Jessicas Zimmer auf dem Bett vor dem Fernseher und sahen dabei zu, wie die Twin Towers zu Schutt und Asche zerfielen. Meine Tränen reichten endlos und versiegten auch dann nicht, als Jessica entschied, den Fernseher auszuschalten. Ich war ein zittriges Häufchen Elend und vor mir saßen zwei mich liebende Personen, die mit ihrem Latein schlicht am Ende waren, weil sie bislang nicht wussten, dass in meinem Kopf viel mehr herumspukte als die Nachrichten. Sie waren nur der Gipfel des Eisberges. Jetzt oder nie sagte ich mir. Ich wollte nicht alleine sterben. Ich wollte überhaupt nicht sterben. Ich wollte auch nicht länger in meinen Gedanken gefangen sein. Das letzte bisschen Kraft, das ich noch in mir trug, sammelte ich zusammen, und zog meinen Pullover über meinen Kopf. Ich fühlte mich, als würde ich Jessica und Savina mein Herz auf einem Silbertablett präsentieren. Die Schnitte und Narben legten Zeugnis darüber ab, dass seit einiger Zeit bei mir alles schief lief. Nun war ich nicht mehr der Einzige, der wusste wie sehr.

»Help me?«

Vier Arme schlangen sich um mich und streichelten mich in den Schlaf. Das war Antwort genug.

***

Wenn man nicht achtgibt und zu sehr in den eigenen Gedanken versinkt, kann man leicht verpassen, dass eine Ecke weiter die Welt untergeht. Ein einziger Nachmittag ließ mich erwachsen werden. Von jetzt auf gleich und ohne Gnade. Es war nicht plötzlich alles in Ordnung. Bei weitem nicht. Ich kam genauso wenig mit mir klar wie zuvor, doch ich hatte gelernt zu sehen, an welcher Stelle man den Absprung schaffen muss, damit das Leben weiter geht. Besonders wenn man zu den Menschen gehört, die wissen, was Weltschmerz bedeutet. Wenn man zu denen gehört, die für andere weinen, für andere lachen oder manchmal schweigen, weil die Welt zu laut geworden ist. Besonders, wenn man das Gefühl hat, dass keiner die eigenen Schreie hört, man im Scheinwerferlicht steht und doch nicht gesehen wird. Wenn man sich im Kreis bewegt und sicher ist, nirgendwo anzukommen. Dann ist es Zeit für Veränderungen. Aufhören zu atmen ist einfach keine Option.

xox Jimmy

Zum E-Book-Release habe ich noch allen Beteiligten gedankt. Danke! Offensichtlich schreibt man so etwas. Als ob ihr nicht schon tausend Mal von mir gehört hättet: Daran habe ich gar nicht gedacht. Verdammte Axt! Ich schreibe das um. Thx!

Statement: Ihr wart großartig!

Ihr wisst es selbst. Ich brauche, muss, kann, darf und will gar nicht alle aufzählen, die hier buchstäblich Geschichte geschrieben haben. Und weil ich kein großer Freund von Wiederholungen bin, endet mein Buch nun mit dem einzig passenden Wort für diesen Anlass:

ENDE